新潮文庫

こころの読書教室

河合隼雄著

新潮社版

9877

まえがき

河合俊雄（臨床心理学者）

本書は、河合隼雄が自分の選んだ本を解説しつつ、人間のこころについて解き明かしたものである。選ばれた本は、小説から心理学や宗教学の著作まで、非常に多岐にわたっている。著者による「あとがき」にも記されているように、ここでの目的の一つは、現代における読書離れということが言われているなかで、こころに関するよい本を紹介し、それを読んでもらおうということにある。『子どもの本を読む』や『ファンタジーを読む』などの著書にも共通するように、河合隼雄は非常に優れた語り部である。本書においても、本の内容の紹介や、そこから生まれてくる連想が非常に興味深く、たとえその本を読んだことがなくても、その本に入り込み、それどころかそこから広がってくる世界につながることができる。

しかし本書のもう一つの目的であり、また中心となるのは、様々な本の紹介をしつつ、こころとは何かという問いに答えることである。河合隼雄は、心理療法や臨床心理学において、「事例研究」という方法論を提唱し、そこからさらに「物語」ということを自分の考え方の根幹に位置づけていった。こころについて理論的に、体系立てて述べることもできるけれども、それでは生きた心理学にならないのではないか。個別で限られているようであるけれども、個々の事例を深めていき、そこでの物語を捉《とら》えてこそ、深みに通じ、また動きのあるこころにふれることができる。本書において取り上げられている様々な本も、そのような事例の役割を果たしていると考えられる。

従って、たとえばこころの中の異性像を問題にしても、作品によっては、異性と結婚したり結ばれたりすることがポイントなのではなくて、むしろ失うことによってこそ獲得できるものであったりする。あるいは、男女の恋愛というのがあまり意味を持たなかったりする。そのような指摘に、個別の物語から見えてくるこころの深みや、現代のこころについての著者の見方がうかがえるのである。

著者は自由に語っているけれども、本書の章立てを見てみると、こころが「それ」という謎《なぞ》として現れてきて、その深みに入っていき、そこで異性像としてのこころに出会い、自分を超えるものとして自覚されるという構造を取っている。しかし、こころというものが「それ」という謎ではじまり、「あれ」という謎でまた終わる物語としても読めるところが興味深い。読者のみなさまにも本書を読み進んでいって、是非そのこころの旅を共にすることをお勧めしたい。

本書は病に倒れる一年余り前、著者の最晩年に『心の扉を開く』（岩波書店）として出版されたものの文庫化である。今回の出版に際して、『こころの読書教室』と題を改め、また話し言葉のために文章表現に矛盾や重なりがあったところに編集を加えた。文庫化を認めていただいた岩波書店、細やかな編集作業を行っていただいた、著者の生前からの編集者である新潮社の寺島哲也さんに感謝したい。

そして巻末には、本書にも登場しておられる加藤典洋さんから、多忙にも関わらず「そこにフローしているもの」と題するすてきな解説をいただくことができた。こころからお礼申し上げたい。こころが動いているものであること、そこに自分が入ってくること、まさにエッセンスのところをご指摘いただいたように思う。最後に引用されていた、「人間ていうのは、ほんとうに大事なことがわかるときは、絶対に大事なものを失わないと獲得できないのではないかなと僕は思います」という言葉は、私にも本書で一番こころに残ったことばである。

二〇一三年十二月四日

目　次

こころの読書教室

Ⅰ　私と〝それ〟

まず読んでほしい本

山田太一『遠くの声を捜して』新潮文庫
ドストエフスキー『二重身』(『二重人格』小沼文彦訳、岩波文庫)
カフカ「変身」(『変身・断食芸人』山下肇・山下萬里訳、所収)岩波文庫
フィリパ・ピアス『トムは真夜中の庭で』(高杉一郎訳)岩波少年文庫
オイゲン・ヘリゲル『日本の弓術』(柴田治三郎訳)岩波文庫

もっと読んでみたい人のために

桑原知子『もう一人の私』創元社
フローラ・リータ・シュライバー『シビル——私のなかの一六人』(巻正平訳)早川書房
岩宮恵子『生きにくい子どもたち』(シリーズ　今ここに生きる子ども)岩波書店
バーネット『秘密の花園』(上下)(山内玲子訳)岩波少年文庫
シャーロット・ゾロトウ『あたらしいぼく』(みらいなな訳)童話屋

＊本書で紹介した本の中には、現在品切れのものがあります。

読んでいただく本のリストをあげ、その内容を基にして人間の心のことを考える、という試みをすることになった一つの非常に大きい要因は、このごろ本を読む人が少なくなったということなんですね。私としては、本を読むって、こんなに面白いのにみんなが読まないのは残念で仕方がない。だから、「こんなに面白い本がありますよ」というのを、何とかみんなに知っていただきたい。関西弁で言うと「読まな、損やでぇ」という、そういう感じです。タイトルを「読まな、損やでぇ」にしようと思うぐらいです（笑）。

全体のタイトルを「心の扉を開く」（註・今回、文庫化にあたって改題したが、単行本時のタイトルは「心の扉を開く」である）としているのは、自分の心の扉を開いて、扉の中の自分の心の深いところをだんだん見ていこう。そういうときにこういう本を読めば、そういうことがわかりますよということを考えながら、ここに本を選んできました。私としては、さっき言いましたように、「読まな、損やでぇ」というほど、面白い本を挙げてきたつもりです。皆さん、実際に読まれて損したと思う人はないと思います。「ああ、面白かった」と思われると思うのです。しかし、面白い中にも、いろいろ考えさせることがちゃんと入っているところが、本のすばらしいところです。

といいながら、私はそれほど、ものすごく本を読むタイプではありません。本をものすごく読む人というと、たとえば鶴見俊輔《つるみしゅんすけ》さんとか、森毅《つよし》さん。あの方たちはすごいですね。本を読んでいる、読んでいる、ものすごく読んでいます。私は実際、本を読まないあいだの仕事がたくさんありますので、それほど読めないのですが、読むのは大好きです。よい本を読むと、さっき言いましたように、「こんなオモロイ本、読みやぁ」と言ってみんなに勧めたくなるような、そういうところがあって、今回もそういうつもりでこの本をつくりました。

1

きょうは、「私と〝それ〟」という題にしています。〝それ〟というのは、すごく面白い題ですが、われわれ心理学の世界でいいますと、〝それ〟はドイツ語で〝エス(Es)〟といいます。〝エス〟と書くと、気づかれた方もいるかもわかりませんが、これはフロイトが無意識のことを指すために、〝エス〟と呼んだのです。エゴというか、自我に対して、われわれは、自分ではわけがわかっていると思うけれど、わけがわからないことが心の中にあります。自分の心の中のわけのわからないもの、名前をつけようがない。だからフロイトは「〝それ〟にしておこう」と考えた。面白いですね。

だから、日本語でも、「自我」なんて訳さないで、「私と〝それ〟」というのがほんとうなんですよ。しかし、やはり、学問にしようと思ったら、「自我」とかね、むずかしいことばにして使うんです。わざわざ日本語で〝エス〟とカタカナで書いてあるのがあります。

ノイローゼの人というのは自分が何かしようと思っても何もできなくなることがありますね。そういうときに、変な症状が起こってきて急にパニックになったりします。そういうときに、「自我はエスの侵入を受けて」というような言い方をします。ところが、「自我がエスの侵入を受け」と言ったら大変なことのようだけど、フロイトの書いていることを関西弁に訳したら、「私は〝それ〟にやられましてんわ」。そういう感じなんですよ（笑）。

フロイトの書いている文章は、私が関西弁に訳したような感じに近いんです。ごく普通の言葉で書いているんです。日本人の悪いところは、どうしても訳すときに難しい言葉にするところです。学者という人はみなそうですね。易しいことを難しくいって売り物にしているのが学者ですが、僕はあまり学者ではありませんので、むしろ、難しい話を易しくいうのが好きなほうです。だから、「私は〝それ〟にやられました」という話を、きょうはします。

みんな、〝それ〟にやられたこと、ありますか（笑）。あまりないでしょうね。私が〝それ〟にやられた典型的な本だと思うのが、山田太一さんの『遠くの声を捜して』という本です。これを読んだときには感心しましたね。ようこんなにうまいこと、「私が〝それ〟にやられた話」を書けたなと思って。

これはわれわれから見て、精神病が発病していくときのことを、「こういうふうにして精神病が発病するのですよ」と書いたといってもいいぐらいうまく書けているんですよ。

僕は、山田太一さんというのは、いろいろ精神分析の本を読んだり、精神病理学の本を読んだりずっと研究してこういうお話を作られたのだと思ってたんです。ところが、ぜんぜん違うんですね。山田太一さんに会って、この話をしたときに、「エエ本を書いてくれはりましたね。精神病が発病していくところが、ほんとうに生き生き書けてます」と言ったら、山田さんはものすごくビックリして、「えーっ！　そうなんですか。私はそんなこと、ぜんぜん思ってもみません」って。「山田さん、どう思ってたんですか」と言ったら、「いや、何か変わったことを書いてやろうと思って書きました」って（笑）。

実は、山田さんの本で、この他にもう一つ、僕の好きな本があります。『異人たちとの夏』（新潮文庫）。ああいうファンタジーで、途方もないことを書いてやろうという感じで自分は書いたのだと山田さんは言うんですね。これが作家のすごいところです。何も勉強して書いているんじゃないんです。ほんとうに心の底から出てくる物語をそのまま書いていったら、僕ら臨床心理士がすごく感心するような話だったというわけですね。

次回に、村上春樹さんの『アフターダーク』の話をします。これも、無意識の話としては、これほどすばらしいものはないなと思わされた作品ですが、村上さんに会って言ったら「へぇー？」というような感じでしたね。村上さんが言うには「私はともかく、一人の女の子がどこかで徹夜したら、どんなことになるだろう」と思って書いたんですって。そう思っていると、バーッと物語が生まれてくるんですね。下手に心理学の勉強して「心理学の筋に従って話を作ってやろう」なんていうと、絶対にいいのは作れないと思います。おそらく、皆さんが読んでも面白くもなんともないと思うんですね。むしろ自然発生的に出てきた作品だからこそ、僕らが読んで、あっ、すごくうまくできている、名作だと思うんですね。この本もそういう本です。

皆さんもう、読んでくださったと思いますけれども、主人公は、三〇歳に近いような笠間《かさま》恒夫《つねお》という男性なのですね。この人は入国管理のところに勤めています。日本に不法滞在する人がいますね。たとえば、どこか外国の方が来られて、すでにビザは切れているにもかかわらず、日本にそのまま滞在して仕事を続けている。これは不法滞在になりますから、その人を捕まえて、国へ送り返すという、そういう仕事をしておられるのです。

この職業自体が面白いと思いませんか。うまいと思いませんか。私がさっき言いましたでしょう。われわれがノイローゼになったり、変なことになったりするのは、自我の世界に、〝それ〟が侵入してきて困るのだということです。それと同じことで、日本の国に誰かが勝手に入り込んで来ないように管理している職業なのだと思うと、こういう職業をしている人を主人公に選ぶというのは、すごくうまいと思いませんか。意識してかどうかわかりませんが、結果的にすごく面白いですね。

そういうふうな仕事をしている笠間恒夫さんが、同僚と一緒に、何国人かわからないけれども、不法入国してきた連中が六人いるとかいうので、現場に行くのです。そしてみんなで取り囲んで拳銃《けんじゅう》で「動くな！」とやるんです。ところが、みんなを連行しようとしたときに、一人、逃げるのがいるんですね。追いかけて、墓場まで行くんですが、ピストル構えて「俺は拳銃持ってるんだ。動くな」と言って捕まえようと思ったときに、どうなったかというと、そこが面白いのですが、こう書いてあるんです。

「その時、突然それがやって来た」と。「それ」という言葉があるんですね。しかもわざわざ傍点が打ってありまして、
「その時、突然それがやって来た。不意打ちだった。まったく状況とは無縁の感覚だった。恒夫は小さく口をあけ、その激しさに膝《ひざ》を折りそうになるのを辛《かろ》うじてこらえた。」

もう、これから連行というときに、おおーっとそれが来るんですよ。ガタガターっと崩れていく。それは、要するにセクシャルな衝動なのです。性的な衝動で、それに身をまかせざるを得なくなってきます。だから、「恒夫は屈服し、膝をついた。この淫蕩《いんとう》な感覚はなんなのだ」というので、まったく、いちばん大事な闘わねばならないというときに、〝それ〟がやってきて、「ああー」と思うから、ピストルは下がりますね。そのあいだに相手は逃げてしまう。そういうことを経験するのです。

ほんとうにうまいですが、〝それ〟にやられた人は知っているはずです。おそらく、この中におられないと思います。普通の人はめったにそんなにやられませんね。しかし、ちょっと近いことはあるでしょう。どんなときかというと、ものすごく腹が立ったりしたときに、そんなこと言おうと思ってもいないのに、思わず言ってしまったとかいうことですね。「死ね！」と言ってしまったり、「殴るぞ！」と言ってしまった

り、「お前とは絶交だ！」とか、夫婦で喧嘩《けんか》をしとったら、「出てけー！」とかね。言うつもりはなかったんだけど、「出てけー！」とつい言ってしまう。「じゃあ、出て行きます」なんて言われると、「俺もついていくわ」とかなんか言って（笑）、そういうふうになるんだけど、ついていくくらいだったら、「出て行け」なんて言わなければいいのにとは、誰もが思うことだけど、思わず「出てけ！」と言うたときは、〝それ〟がやっているんです。

そういうとき、どう言いますか。「われにもあらず」。われが言うてるのに、「われにもあらず」って、何でやと言ったら、「〝それ〟が言うてンねや」と、こう言ったらエエわけです。

それをこういう劇的な形でパーンと出してくるんですね。それで、笠間は相手を取り逃がしてしまう。「しまった！」と思って、「どうも、あいつが変な術か何かを使ったんじゃないか」「呪術《じゅじゅつ》か何か使ったんじゃないか」と思うんだけど、どうも、そうでもないし、いったいこれは、どうなっているのかなと思います。そのような状態のなかで、笠間はお見合いをすることになります。

先輩から言われて、柴田《しばた》芳恵さんという人と見合いをするのですが、彼女は二五歳で恒夫は二九歳でお見合いをすることになります。このへんは日常の生活です。日常生活でお見合いをして、結婚して普通の生活をすると……、この人は普通の生活をやろうと思っているのだけれど、そう思って歩いていたら、声が聞こえてくるんですね。「ダレ、ナノ?」という声が聞こえるわけです。

これを、幻聴といいます。誰も言っていないのに声が聞こえてくる。「ダレ、ナノ?」と、見回したら誰もいないけど、聞こえてくる。で、もう一回「え?」と思ったら、また、「ダレ、ナノ?」と言うんですね。

これ、考えてみたら面白いですね。皆、どう思いますか。たとえば、あなたが僕に「誰ですか?」と言ったら、「あ、私は河合隼雄です」と言いますね。それで、わかったような気がしているけど、ほんとうにわかっているんだろうか。一応、「河合隼雄です」と言ったら、「ああ、そうですか」と言うけれど、「ほんとうに誰なんですか」と言われて、「ほんとうに俺は何だろう?」となると、わからなくなってくるので、人間は、だいたいそのへんはごまかしているんですね。

「私は文化庁長官です」と言ったら、ますます、自分で知っているみたいに思うけど、文化庁の長官なんて、いつやめるかわからんですわねぇ。もうすぐやめるかもわからない。

「いや、私は父親です」と。子どもにとっての父親と思っていても、子どもはあんなの親父《おやじ》と思っていないかもわからんでしょう。だから、そういうふうに考え出すと、「ダレ、ナノ?」と言われたときに「はい。私は……」と答えるのは、考えると難しいですね。そのへんが非常にうまい。そのことが人間存在の根本に関わっているんですね。

ということは、どういうことかというと、私たちは、「私」というのは自分でよく知っているし、私は河合隼雄で、文化庁の長官で、男性で、丹波篠山《たんばささやま》の生まれでとか、そういうのを言おうと思えばいくらでも言えるのだけれど、「それがどうした?」と言われると、ものすごく困るんですね。

「本来の自分」という言い方がありますね。それは文学作品にもよく出てくるテーマですけど、「本来のお前は何か」と考え出すと大変で、それに近いようなことがパッと声に聞こえてきて、どうも、自分としては変な感じだなぁというふうに思ってるんですね。そして、自分の心の中に何かいろいろなことが起こってくる。

そして、こういうことも書いてありますね。笠間は外国からきた人を捕まえて、連行する。きょうは六人捕まえた、七人捕まえたと言ってるんだけど、その人のことをほんとうに考え出すと大変ですね。ひょっとしたら、その人はほんとうに食い詰めて、国で食っていけなくて、必死の思いで日本へ入り込んできて、また、死に物狂いで仕事をして、お母さんに送金しているかもわからない。ひょっとしたら、自分の配偶者に送っているかもわからない。

そんな人を捕まえて、自分は「きょうは何人捕まえた」とか言って喜んでいるけれども、ほんとうに考え出したら、どうなのか。そのあと、「もう、考えんことにしよう」と。ともかく、きょうは何人捕まえたで終わりということにしようと。だから、自分の心のなかの感情は抑えておこうというのです。「このかわいそうな人を、どうして捕まえたんだろう?」とか、「私が捕まえることによって、ここの家のお母さん、餓死するのと違うか」とか、考えだしたら大変でしょう。だから、「いつも感情は抑圧していた。」

そうですね。入国の門の扉を無制限に開いたらひどいだろう。」無制限に開いて、みんなワーッと入ってきたらひどい。だから、そんなことをしとったらイカンので、閉めなしょうがない。閉めなしょうがないけども、閉めるということは、いったいどういうことなんだろう。

まさに、われわれもそうじゃないでしょうか。誰もが心の扉を持ってるんですね。で、そのときに、心の底の方から、たとえば「腹が減ったなぁ」とか、「だったら、何か食べよう」とか欲望が生じてきます。

そのときに、腹が減ったというので、前にあるものを勝手に取って食おうとしたら、これは泥棒になる。「何か食いたいけど、お金を払って食べる」となると、自我がちゃんとコントロールしているわけです。だから、心の扉を開いてときどきエスからの動きをとり入れながら、上手に自我がコントロールして生きとるのが、人間なんですね。そのとき、ムチャクチャ入ってこられたら困るから、入国管理をしている。そういうことなんですね（笑）。

しかし、そこで感情を殺しているということを、皆さん、どう思いますか。自分は普通に生きているけど、感情という点では、ちょっと殺してるんじゃないかなぁと思うことがあるはずです。腹が立ったら、その通り怒ってますか。怒ってないことのほうが多いでしょう。腹が立っても、ちょっとニコッとしてみたり。特に、職場だったらそうでしょう。職場で、課長に腹が立って、後ろから蹴《け》ったろかと思ったけれども、「あはは」とか言うてみたりとか（笑）。たとえば、商売している人やったら、お客さんが来ると、感じの悪いお客さんでも、「ありがとうございます」と言うて、やってますよね。

だから、そうすると、エスの、〝それ〟の中にだんだん、だんだん変な感情がたまりこんでくるわけですね。たまりこんだのを、どのように入れて、どのように生きるか。入国管理の大問題というのが、僕らの心の中で起こっているわけですよ。つまり、私というか、私の心の中の問題だけれども、私の自我と〝それ〟というのが、どういうふうにバランスをもって生きているかということが、人生の大問題なのです。

ところが、この笠間さんは、〝それ〟のほうがだんだん強くなってくるわけですね。〝それ〟のほうから声が聞こえてくるわけです。「あなた、誰なの？」なんてのが聞こえてくる。ところが、もう、たまらないからやめておこうと思ったら、しばらく三日ほど聞こえないんですね。すると、こう書いてあります。

「恒夫は軽い失望を感じていた。三日間なにもなかったことに、物足りなさを抱いているのである。」

これ、わかるでしょう。幻聴なんて聞こえないほうがエエに決まってますよね。それでも、聞こえなかったらちょっと物足らんのです。この点については心理療法家はよく心得ていなければなりません。幻聴の方が心理療法をしているうちに、治っていかれますね。声が聞こえなくなったときに、こっちがあまり喜び過ぎると失敗することがあるんです。なぜかといったら、「よくなった。僕はこれをいつ学会に発表しよう」とか思ったりして喜んでいると、クライエントは悲しくなってるんですよ。聞こえなくなったために、かえって。

クライエントは悲しくなっている。こちらは喜んでいるというので心がバーッと離れていくと、その人は見捨てられたように思って、いちばん極端な場合は、自殺するということさえ起こります。だから、例をあげますと、ある方が、幻聴がなくなったときに、「先生、おかげで声が聞こえなくなりました」と言われた。そういうとき、僕らいつもどうするか言うたら、「そうですか」とすぐに喜ばないで「どんな気持ちですか」って訊《き》くんです。そしたら、その人がどう言うたと思いますか。「年来の友人を一人、失ったような気持ちです」って言いましたね。

「そうですか。ほな、友だちを呼び起こしましょう」なんて、やると困りますね（笑）。年来の友人でも、嫌なやつっていますからね（笑）。付き合うのはうるさいけど、おらんようになったら寂しい。

皆さんもそういうこと、あるでしょう。たとえば、皮膚がちょっとかゆくなってかゆいからイヤみたいに思うけれど、治ったら、ちょっともの足りないですね。かこうと思っても何もかゆないなぁって（笑）。人間は不思議なもんで、自分はちゃんとやっているんだけど、〝それ〟の世界と何かつながってないと面白くない。だから、この人はせっかく聞こえなくなったのに、「ちょっともの足らんな」なんて思っていたら、もっと聞こえてくるんですね。

聞こえてくるのは女性の声です。幻聴のときに女の声が聞こえるか、男の声が聞こえるかでだいぶ違いますね。やはり、異性の声の場合は、どうしても恋愛感情がちょっと入ってきますね、だいたい。それでも、女性でもお母さんの声が聞こえてくると、恋愛感情よりも、ちょっと恐《こわ》いこともありますが（笑）。

このへんが、正常とか異常とかと言うけれども、簡単に言い切れないところです。皆さんの中でも、ちょっと声が聞こえたような気がしたというので、自分が精神病だと思う必要は、ぜんぜんありませんね。

たとえば、こんな人もありましたよ。自殺しようと思って、崖《がけ》から飛び込もうと思ったときに、おばあさんの声が聞こえる。「やめなさい」って。それで、その人はやめるんですけど、これなどものすごくよい幻聴ですよね。おばあさんの「やめなさい」が聞こえなかったら、飛び込んでいたわけですから。そんなプラスの声が聞こえてくることもあります。

あるいは、われわれは「内面の声に従って」という言い方をするときがありませんか。「なぜ、あなたはこういうことをしたのですか」と言ったら、「いやもう、内面の声に従ってやることにしました」と。しかしそれは、声を実際に聞いてるわけじゃないですね。しかし、正常と異常の壁のギリギリのところがあって、あんまり内面の声に従っていると大変なことになります。

きょうでも、内面の声がして、「岩波? そんなのやめたほうがいいよ」とか言って、来るのをやめて、「きょうの講師は声が聞こえてきてやめました」なんてことになると「あれ、だいぶおかしいんじゃないか」ということになる（笑）。

そして、笠間がそのように思っていたらやっぱり声が聞こえてくるのです。「あなたは誰なの?」とか言い出して。「二九歳」と言ったら、「二九歳。素敵。私たち、話をしている」とか言って、相手が女性であることもだんだんわかってきます。そして対話が増えてきます。ちょっとこっちも言いたいなと思って「こんばんは」と言うと、向こうも「こんばんは」と言う。

ただ、声だけ聞こえてきて、何も姿は見えない。面白いのは、この女性が俳句を教えてくれるのです。誰の俳句かというと、芭蕉の俳句で「こちら向けわれも寂しき秋の暮れ」というのです。

「こっち向いてよ」というのですね。「こっち向いて」と、〝それ〟が言っているんですよ。実際、「お前どっち向いて歩いているんや」という言い方をよくしますが、笠間は、外の世界よりも内の世界のほうにだんだん引きずり込まれていきます。

ところが、片方では、外の世界では芳恵さんとお見合いすることになりますね。見合いをしてだんだん心が近づいていきます。結婚指輪を買おうかということになって、自分が三〇万円出したら、芳恵さんが二〇万円出して、五〇万円で何を買おうとか、そういう具体的な記述がずっと続きます。ここのあたりはうまいですね。外のほうへ心が傾いていっているときは外の世界のことをうまくこなしているのですが、どうしてもそれでは話が終わらない。というのは、内から声が聞こえてきますからね。

そして、とうとう結納《ゆいのう》の儀式ということになります。皆さん、お見合いとか結納とかやったことがありますか。ともかく、誰もが、ちょっと興奮して普通ではない様子になります。部長と一緒に行っているんですが、うまいこと書いてありますよ。部長も何となく興奮して、たとえば、こんなことを言っていますね。「本来なら、恒夫の父親幸一郎も同席すべきでございますが、諸般の事情これあり、不肖斉藤と妻正子が付き添い、結納の御品を御配達――」（傍点・引用者）と書いてある。言い間違うんですね。

こういうときに限って、間違えませんか。「まちごうたらいかん」と思えば思うほど間違えますね。ある教授が退官されましたときに、「きょうは〇〇先生のご退官のときに、皆さんたくさん来ていただいてありがとうございました」と言うところを、ある人が、「きょうは〇〇教授のご会葬の……」と言ってですね（笑）、皆、笑うに笑えないしということが実際にありましたけど、人間って緊張すると、途方もないことを言ってしまう。

このときも、「ご配達」はおかしいので、やめて、「えー、ご拝受」とか言っているうちに、だんだん、笠間はおかしくなってきて、そこでとうとうワーッと笑ってしまうのです。笑って笑って、しかもムチャクチャ笑うんですよ。

皆さん、こういう笑いの発作というのに遭ったことありますか。僕はわりとあるんです（笑）。僕は自分でもよく笑うほうだし、人を笑わすのも非常にうまいんです。ひとつ、今でもよく覚えているのは、昔、高校と中学と併設の学校の教師をしていまして、中学校一年生に数学を教えに行ったんですね。それで教室に入って教えようと思ったら、中学一年生というのは、何ともいえないかわいらしい顔していて、そのかわいらしい顔したのがパッとこちらを見るでしょう。それ見たら、うれしくなってきて、ワーッと笑ったのです。そうしたら、中学生ですから、ワーッと皆笑うでしょう。そこでちょっと笑いをこらえて、「数学をやりましょう」と言ったら、また、ワーッと笑って、頑張ろうと思うほどワーワー笑って、四五分間、笑い続けて終わって、結局何も教えずに帰ってきたいうことがありました（笑）。そんなことはわりとありまして……。

それから、僕らの子どものころは、笑っては絶対にいけないということがあり過ぎるほどたくさんありました。戦争中でしたから、戦争に行くとか、死んで骨が帰ってきたとか。それから、いろいろ儀式がありますね。その儀式の笑ったらいかんときに、僕は笑って、何度怒られたかわかりません。「笑う門には福来たる」という言葉、あるでしょう。「何も福やない、笑う門にはフグ来たるや」と、フグのように怒ってふくれた顔したのが来るから、冗談言ってたぐらいです(笑)。

僕はわりと笑いの発作があるので、こういうことがようわかるんですが、笠間もその結納の最中にムチャクチャ笑うんです。もう止められない。部長が怒って、ガーンと殴るんだけど、殴ってもまだ笑うのですね。

笑いの発作は思春期にわりと起こります。「箸《はし》が転げても笑う」という言い方するでしょう、女の人たちが何を聞いても笑う。笠間の場合は笑って、そして、しかも笑った後で叱《しか》られたらとたんに、今度はワーッと泣き出して嗚咽《おえつ》になるのです。こういう感情がムチャクチャに揺れるなんていうのは、まさに精神病の始まりにあるのですが、心の扉が開きすぎるから感情がバーッと出てくるんですね。だから、うれしいのも悲しいのも強烈に出てくるし、コントロールできなくなって、それがお見合いの席で出てしまうということは実際にあることです。

私だけじゃなくて、私の兄弟も笑うのが多いんです。子どもの頃よく言ってたのは、お医者さんが来られても、お医者さんが聴診器を当てられるときとかに、急に笑いの発作が起こるんで、笑わないようにしようということでした。でも「笑わんとこ」と思って、辛抱していると、おかしいからよけい笑い出す（笑）。「どこか痛いですか」「痛くはありません」って言ったら、笑い出して止まらないんです。お医者さんも、何かおかしいと思ってね。困ったというようなことがよくありました。そういう点でこの笠間さんにいたく同情します。

それで、芳恵さんは怒ってしまうんですね。「なんやの、これ」「もう、いやや」ということで、見合いは打ち切られます。こういうところは、ほんとうにうまく描かれています。そういう感情のコントロールがきかなくて、いちばん大事なときに出てくるというのは、まさに、扉の開き過ぎですね。これは実際に精神病を発病する人たちにもよくありうることです。

そのあいだにだんだん、声との会話のほうも増えてくるのですが、その会話をしながら、この主人公の笠間が思い出すのは、実は自分がアメリカで忘れがたい経験をしたということでした。誰にも言ってないけれども、そのことを誰かに話したかったのです。この声の人に「言ってもいいか」と言ったら、〝それ〟が、「言ってもええよ」というので、アメリカの体験を語りはじめます。

これも大事なことですね。つまり、〝それ〟のなかにはいろんなもんが溜《た》まってるんですね。だからさっき言ったみたいに、食欲とか性欲とか、いろいろな欲求もありますし、自分の経験で覚えてはいるけれど、承認しがたいようなものとか、そういうのがいっぱい、それの中に渦巻いている。ほんとに渦巻いているわけです。その中に一つ、アメリカでの体験があるけれどこれは誰にも言ってなかったのです。

皆さんだって、これだけは誰にも言ってないということが、案外あると思います。正宗白鳥《まさむねはくちょう》という作家の文章か何かに、「人間誰しも、このことを言うぐらいだったら死んだほうがましだというのを一つぐらいはもっているはずだ」と書いてあって、「なるほどなぁ」と思ったことがあります。それは確かにうっかり言うと大変なことになりますね。うっかり言うと大変なことになるけど、やっぱり言いたいという気は、誰でもあるでしょう。で、この人にだけは言いたいとか、あの人には言わないとか。

また実際、私の職業でいうと、そういうことを聞くのが私の職業なんですね。だから、「これは誰にも言ったことがないのですが……」という話がよく出てきます。それはなぜかというと、僕らはそういうのを聞いても大丈夫といいますか、そういう態度をもってるから。だから、相談に来られた人に初めに「どうですか」と言ったら、

「私はこういう症状で困ってるんです。どうしたら、治るんでしょう」とかいう話をしておられて、「あ、そうですか」と言って聞いていくと、突然黙ってしまわれて、その後に「実はこんなこと、誰にも言ってないんですが……」という話が出てくるということがよくあります。そして、帰りに「こんなこと、先生にお話しすると思ってもおりませんでした」という人がたくさんおられますね。これはなぜかといったら、われわれはそれを聞く態度をもってるからです。普通の日常会話では、他の人には絶対に言わないでしょう。

ただし、どうですか、みんな、ときどき、そのタガが外れてしゃべってしまうときがありますね。それはどういうときかというと、一つは酒を飲んだとき。飲んで酔っ払ったときに、言わんでもエエこと言って損をしたというのと、たとえば、山小屋なんかへ行ったときにありませんか。山小屋へ行って、皆で火を囲んでちょっと酒を飲んだりしてるうちに、「実はねぇ」とか言ってしまう。

この「実はねぇ」という話がよく起こるのは、今はありませんが、昔あったのは船に乗ったときでした。船に乗って、日本からアメリカに行くというと、二週間ぐらい一緒にいるわけです。そうすると、船の中でワイワイ、ワイワイ喋《しゃべ》ってるうちに、ついつい、「誰にも言ってない話」というのをする人が多かったですね。そうすると、船の中で誰にも言っていない話をするから、気持ちが通いますね、その人もうーんと聞いてくれるし。「そうやったの、大変やったね」と言うてると、向こうも「実はね、私もね」とか言って、ものすごくみんな仲よくなるんです。ところがね、陸に上がったとたんに誰も連絡しなくなります（笑）。わかりますね。「あんなバカなこと、あの人知ってる」と思うと、もうそれだけで会うの嫌になる。だから、船の上で喋ったことはそのまま消えうせるんです。

この場合でも、笠間は何か言いたいことがある。それはどんなことかというと、ここに詳しく書いてありますけども、アメリカに行ってたときに、同性愛の関係ができるのです。それも自分が好きとかいうんじゃなくて、アメリカ人に雇われて、高い給料で喜んでたら、その雇い主が同性愛で、自分はそれにやられてしまう。

これは小説ですが、日本人の男性でアメリカ人の同性愛の人から関係を迫られたり、そういう関係になったりする人は多かったんです。なぜかというと、日本人はそういうことに無防備だったのですね。このごろは皆知っていますが、僕らの行ったころは、そんな同性愛関係なんて、めったにないとみんな思ってますから、心が防衛してないんですね。そしてまた、日本人は、わりと年いってても、アメリカ人から見ると、少年に見えるわけですね。少年で、おとなしくて、感じがいいというので、同性愛関係を迫られる。それで逃げだしたという人も少なくない。それは予想外にたくさん起こってます。山田さんはそんなことを知ってて書かれたのでしょう。ともかく、この人の場合は逃げられなくて、それで関係をもってしまうのですね。もってしまって、ものすごくイヤになるわけです。

これも扉の開き方でいうと、受け入れたら受け入れたで好きかというと、そうではない。嫌いなのならば、「ダメです」「イヤです」「私やめます」とか言えばいいのに、よう言わんのですね。そういう関係ってあるでしょう、人間って。この人と関係を切りたいと思っていても、切れない。「それやったら切ったらいいやないの」というのは、他人の言うことであって、「切ろう切ろうと思ってるんですが……」といってつながっているうちに、急に極端にイヤになってきて、バンと切りたくなる。

それで、この笠間は、急に警察に電話をかけて、同性愛の相手の雇い主がいるところで、「マリファナか何かやってるから」と嘘《うそ》をついて、警官が行くようにする。警官もこわごわ行ってますから、この雇い主を思わず撃って殺してしまうのです。自分としては逃げたいばっかりで、殺す気はなかったのに、自分が殺したわけではなくて、警官が殺すのだけれども、すごい心の傷を負って笠間は日本へ帰ってきている。

さっきも言いましたが、何か心がうずいてきて扉が開いてくると、押さえつけているものが出てくるわけですね。どうしてもね。忘れよう、忘れようとしていることでも、ウワーッと出てくるわけです。

それをやはり、誰かに喋りたいから、声の主に喋るんですが、そのときに、同性愛のテーマが出てきたわけです。われわれ臨床心理学の側からいうと、この人のような、幻聴が聞こえてきたり、妄想があるような、そういうタイプの精神病になる人は、同性愛の傾向が潜在的にあるといわれています。そういうことを山田さんは、ぜんぜん知らないんですよ。知らないのに、ちゃんと全部、書いてあるのです。僕はそういう臨床心理学の知識を山田さんは、知っているから書いていると思っていたのですが、知らずに書かれていて、一致してゆくから凄《すご》いと思うんですね。

ともかく、その同性愛の思い出が出てきたものですから、そのことを声の主に話をするわけです。すると声の主は聞くだけは聞いてくれます。そうしているうちに、そっちの声との話し合いばかりするものですから、だんだん職場に行くのも大変なことになってきますね。それで、精神科のお医者さんを訪ねていったりするのですが、最後のところはどうなるのか。

皆さんはどう思われますか。こういうお話は終わりがものすごく難しいですね、どう終わらせるかというのが。山田さんも、だいぶ苦労されたらしいですよ。

結局、主人公は「あなたに会いたい。会いたいから出てきてくれ」というんです。ところが、「いや、自分は恥ずかしいから出て行きたくない」と。「それでも何とか会いたいから会いましょう」とか言うんだけど、とうとう会うことはありません。それでも、「いや、ここにいます」と言う声がするので見ると、目の見えない少女がそこにいるんです。「あなたでしたか」と言うと、実はその人は声の女性に頼まれて身代わりでそこにいたのですね。だから、これは身代わりで、声の女性とは実際には会わずじまいで終わりになります。

これは実際、僕も思いますけど、ここで会わせると、話、終わらないですね。そこで、身代わりに目の見えない少女を送ってきたというのは面白いと思いませんか。なぜかというと、声の女性は声ばっかりで姿を見せない。人間にとって見るということはものすごく大事なんだけど、声だけのつながりなのだから見ることはそれほど大切でもないのだ、とも言えますね。そして、この人はこういう世界に入ってそこで終わったということです。

この本は、ほんとうに心の扉を開くことによって、〝それ〟とどう付き合うのか。下手すると、それは精神病の世界に入ることになりかねないのだということが非常に巧みに書かれている本だと思いました。

2

先ほども言いましたが、フロイトという人は、だから、「自我と〝それ〟」、「エゴとエス」と名づけたわけですね。無意識のこちらのほう、エスを完全に閉めてしまったらダメなのですよ。完全に閉めてしまったら生命力がなくなるわけですから。やっぱり僕らはいろいろな欲望が上がってくるからいいので、何もかも抑えてしまって、食欲もない、性欲もない、睡眠欲もないとなったら、死んでしまいます。ですから、どの程度心の扉を開くかということが問題なのですが、今、言ったように、ああいう声まで聞こえてき出したら、大変だということになります。

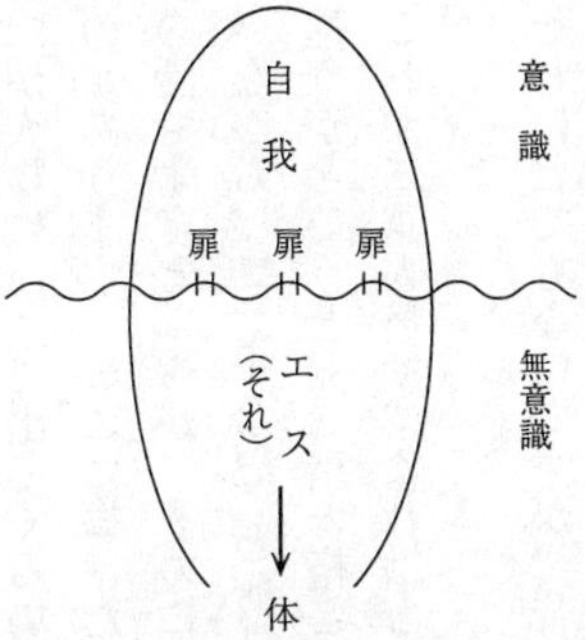

そのとき、面白いのは、こちら側が私の知っている私。これに対してエスのほう、〝それ〟が人物になって出てくるということがときどきあります。

〝それ〟が人物になって出てくる場合の現象としては、二重人格というのと、二重身というのがあります。ここに挙げたドストエフスキーの『二重人格』というのは実は二重身の話です。ところが、そのころ二重身なんて言っても誰もわからないから、わかっていながら、『二重人格』と訳されたと思います。どう違うかというと、二重人格という場合には、私の中にもう一人人間ができるのです。これが二重人格で、これはもう、ほんとうにビックリします。入れ替わるのです。

今はそれほどでもないですが、昔、よくあったのは、普通の人格のほう、表に出ているほうはものすごくよい人で、おとなしくて、誰から見ても褒められる、そういう人格です。要するに無理しているわけです。ぜんぜん腹を立てないし、ものすごく丁寧だし。そういうふうにやっているということは、「こんちくしょう」「やっちまえ」とか、そういうやつがだんだん〝それ〟のほうにいってしまって、〝それ〟が人格を持ってしまうわけです。ときどきガラッと入れ替わるんです。これはもう、ほんとうにビックリします、完全に人格が変わりますから。

二重人格というのは、皆さんよくご存じの、『ジキル博士とハイド氏』という小説がありますね。あれは二重人格のお話です。

二重身は二重人格とどう違うかというと、自分がもう一人いるのを見るという、そういう症状です。このドストエフスキーの『二重人格』と書いてある二重身ですが、これは見事に二重身の現象が描かれています。

この場合でも主人公の九等文官ヤーコフ・ペトローヴィッチ・ゴリャートキンという人がいるのですが、このゴリャートキンというのは、こういうロシアの小説によく出てくる典型的な小役人というか、気が弱くて威張りたいんだけど、威張れないし、金がほしいんだけど、金はないしというか、そういう生活をしている人なのですが、この人がふと気がつくと、自分が歩いているのですね。そして自分よりも先に家に帰って入っていくところを見るんです。

そういうふうに自分自身を見るのを二重身といいます。これは、皆さんの中で体験している人はまず、ないと思います。あったら、後でご相談に応じます（笑）。

で、家に帰って自分の部屋に入ったら、「あ、誰かいるな」と思って、その人がこっちを見たら、「あ、私だ！」っていうのはすごい体験ですね。それをドイツ語ではドッペルゲンガーといいます。二重身です。このドッペルゲンガーの症状は、実はゲーテも体験しています。非常に傷心して疲れて、つらいときに、フッと見ると、向こうから馬に乗ってくるのが自分なんですね。芥川龍之介《あくたがわりゅうのすけ》も、ドッペルゲンガーの体験をしたんではないかといわれていますが、わかりません。芥川龍之介の中に、やっぱりドッペルゲンガーを扱った小説があります。

それから、私のすごく好きな小説家でホフマンという人がいます。『ホフマン物語』というのを、皆さん知っているでしょう。オペラにありますね。あのもとになった物語を書いたホフマンという人がいるのですが、この人も、どうもドッペルゲンガーの体験をしたのではないかといわれているし、ホフマンの書いたお話の中にドッペルゲンガーの話が出てきます。僕は好きでよく読みましたが、ついでに言っておきますと、ホフマンという人自身が面白い人で、そういう小説を書くだけではなくて、大審院の判事をしていたことがありますし、楽団の指揮もしていたことがあるんです。だから、音楽家で、指揮者でもあったし、判事もできたし、小説も書けたというすごい多才な人ですけれども、伝記なんかを見ていると、この人自身もドッペルゲンガーの症状があったらしい。たくさん小説を書いていまして、岩波文庫にも作品が入っています。僕の大好きな小説は『黄金の壺《つぼ》』です。皆さん、ぜひ読んでください。それとか『牡《おす》猫《ねこ》ムルの人生観』も素晴らしいです。皆が、バレエで知ってる『くるみ割り人形』のもともとの話を書いたのもホフマンです。

ゲーテとか天才的な人というのはいささかそういうところがあるんです。しかし開きっぱなしにするのではなく、あとは心の扉を適当に閉めてちゃんと生きてるんですね。『二重身』に出てくる主人公はだんだん、だんだん、〝それ〟にやられていくわけです。これが非常に迫真的に書いてあります。このドストエフスキーの『二重人格』という本は、精神病を発病するときの感じがものすごくうまく書けてると言った精神科医の人もいます。

簡単にいってしまえば、皆さん、誰でも自分の心の中に〝それ〟をもっておられるんだけれど、〝それ〟とのつきあい方が非常に難しい。うっかり扉を開けすぎて、〝それ〟が侵入してきて入れ替わったら二重人格です。〝それ〟が幻覚として見えたら二重身です。最初に触れた、山田太一さんの書物のように、声になったり幻聴になったり、そういうこともある。といって、それを閉めてしまったのでは僕らの人生はまったく干からびたものになる。そういう自我と私と〝それ〟との関係は非常に微妙で難しいものなのです。

そこで、〝それ〟が声として出てくるのではなく、〝それ〟がウワーッと出てきて、私が〝それ〟になってしまったとなると、変身するわけです。

変身して何になるのですか。カフカの場合は変な虫になってしまった。虫というか、トカゲみたいな、はっきりわかりませんが、青虫みたいな、トカゲみたいなものですね。ともかくもう、私が〝それ〟になってしまったわけです。こういうことをほんとうによく書けたものだと思いますね。

皆さん、おわかりだと思いますが、カフカのような創作する人たちというのは大変ですね。創作するためには自分の扉を開いて〝それ〟とつき合いますが、開き過ぎて元に返れなかったら自分もやられてしまいますからね。ニーチェなんかはいちばん典型的です。ニーチェは、最後、狂ってしまいます。ノバーリスという人がいます。この人も最後は、今でいう統合失調症、精神分裂病になってしまいました。このように、ほんとうに創作するというのは大変なことで、狂気と正気のギリギリのところで生きているということなのです。カフカという人も、本当にギリギリの辺りにいたのではないかと思います。

「変身」は凄い本ですね。この一人の男性、グレゴール・ザムザという青年は目が覚めたら、変な虫というか動物というかになってしまっているんですね。ものすごく苦労して、ゴソゴソゴソっと出て行ったら、お母さんが「キャーッ！」と言います。あたり前ですね。妹はわりと自分の味方やないかと思ったら、何のことない、妹までもちろんイヤがる。一つの部屋に閉じ込められてしまいます。

「何をバカなことを言うとる。人間が虫になんかなるもんか」「こんなバカなこと、よう書くなぁ」と思われるかもしれませんが、これ読んでて、私などがすごいなと思うのは、これは今、たくさんいる引きこもりの人、それから、家庭内暴力をする人と、ほとんど同じだということです。だから、引きこもりの人でカフカの「変身」を読んで好きになっている人がたくさんいます。「これが僕や」という感じで。

ここに書いてある文章を読んでいると、虫のこととしてではなくて、人間だけれどもこういう心境で生きている人がいるということを、僕らはほんとうに痛感します。それはまさに、人間だけど、人間でない、深い世界にガッと捕まえられてしまっている。そうすると、もう捕まえられてしまって虫になってしまってるんですから、その人たちは今、引きこもりになって引きこもっているわけです。そうすると、皆それがわからないから、「あいつはさぼってやがる」とか、「もっとしっかりせい」とかということになる。つまり、体だけ見ると、普通で何の変わりもない。それが、体が変身してトカゲぐらいになっていたら、皆ビックリするんだけれど、残念ながら、外から見れば普通の体をしている。しかも、お医者さんが診られたら、「体の悪いとこ、どこもありませんよ」なんて言われるから、サボっているといわれるんやけど、ほんとうはこれはトカゲになっているんだと思ったら、いちばんわかりやすい。

実際、ここに書いてあるようなことがほんとうにそのまま起こっていて、ここに書いてある文章をこのままで読んでも、これは引きこもりの人の文章になるのとちがうかなと言いたくなるようなところがたくさんあります。何となく家族がイヤがって、食事を運んでくるけど、やっぱりそうなると、食事を持ってくるだけでも「これ持ってきたよ。食べなさいよ」という感じではない。分るでしょう（笑）。虫扱いに近くなってくるんですよ。ほんとうに。ちょっと出てきても、「え、出てきて大変！……」とかいう感じになる。それを見ている目は「あ、トカゲが来た」というのと似てくるんですよ。だから、これは本人にとってはものすごいつらい状況です。家族から言ったら、「何を勝手してやがンねん」とか「バカなこと、しやがって」ということなんだけれども、本人は言ってみれば、〝それ〟に捕まっているわけです。

昔はそんなたくさん引きこもりはいなかったですね。なぜ、今、そんなに多いのか。それから今、家庭内暴力といって、子どもがお父さんを殴ったり、お母さんを殴ったり、逆に親のほうが子どもをやっつけて、お互いに殺し合いになったりしますね。この作品にはそういうところあるでしょう。実際に、トカゲが怒ってガーっと出てくるとか、親がバーンと殴ったりとか出てきますね。心の中ではこういうことが起こっているのです。

なぜ、昔に比べてそういうことが起こるかというと、いろいろ言い方はありますが、一つのものすごい単純にわかりやすい話は、皆さん、ご存じのように、自我というのは普通に生きてる私ですから、いろいろなことをしなくてはなりません。働いてお金儲《もう》けて、ご飯食べて、てなことしなくてはなりません。ところが、食うや食わずというときは、何を食べようかとか、どこへ行ったら食べ物があるかとか必死になっているから、そっちのほうへ心がパーッと向かう。だから、内界への扉はそんなに開いてないのです。

皆さんだってそうでしょう。実際、ものすごく腹が減ってきてどこかでものを食べようなどというときに、声が聞こえてきたり、めったにしないでしょう（笑）。食べるということで一生懸命になりますね。それから、就職口がないから就職せないかんとか、税金を払わないかんとかいうことがあったら、心はそっちに向かうでしょう。つまり、人間の自我というのは、外とものすごく関係しなくてはならないし、内とも関係しなくてはならない。ずっと両面作戦なのです。外に適当にすることがある場合は、そっちに心がとられていきますから、そんなに内のほうは開かない。

ところが、今のわれわれは、外のことをそんなに心配しなくてもいいわけです。フリーターとかニートとかいいますけど、背景にはそれなりに食えるということがあるわけです。あれが、ぜんぜん食えなかったら、違うと思いますよ。あるいは、極端な例を言いますと、戦争になると自殺者は極端に減ります。ノイローゼもものすごく減ります。そんなことを言っている暇がないからです。殺すか殺されるかになってきたら、他のことで悩んでなどおられない。

ところが、今の世の中はものがいっぱいあって、何もせんでも生きていける状況ですね。たとえば、実際に引きこもりの大学生などに会うと、よくわかりますよ。会いに行って、「きみ、ちょっと大学出たらどうか」と言うと、「出て何するんですか」「大学って何ですか」という返事が返ってくる。しかし、そう言われたら、大学なんてつまらんですよね、考えてみたら（笑）。「単位を取って何の意味があるのです」「なんで就職せな、いかんのですか」。考えたら、もっと大事なことがあるかもわからん。「ほな、お前、何を考えてるのや」言うたら、それは言えないんです。何か知らないけど、捕まっているということはわかっている。出て行って単位をとってもしょうがないし、別に卒業してもしょうがないし、就職してもしょうがない。しょうがないことだけはわかってるんですね。「わかった、わかった。全部わかったけど、君はどうする気や」と言ったら、「うーん」とか言っているわけです。

現在はあまりにもわれわれの生活が満たされてきたので、かえって皆、心の中のことに捕まえられることが多くなってきた。しかも、捕まえられるといったって、非常に根源的なことに捕まえられると、さっき言いましたね、「あなた誰なの?」というときに、「いやあ、私は文化庁長官です」とすましておられない。自我が〝それ〟に捕まると、ただもう大変なことになるわけです。しかし、〝それ〟はそんなマイナスなことばかりなのだろうか、その中にプラスも入っているんじゃないかという見方も出てくるわけですね。

3

「〝それ〟に、プラスの意味もありますよ」という意味で書かれた本もたくさんあるんですが、その中のひとつが、フィリパ・ピアスの『トムは真夜中の庭で』という本です。

実は皆さん、リストを見られたときに気がつかれたと思いますが、中には絵本とか児童文学の作品が入っています。「なんや、おとなのところに、こんなの入れやがって」と思われるかもしれませんが、騙《だま》されたと思って読んでみてください。ほんとうにすばらしい作品です。僕はどちらかといえば、子どもの本のほうがおとなの本より好きです。漢字が少なくて読みやすいから子どもの本を読んでるんですが（笑）、特に絵本なんていうのはほんとうにすばらしいし、人に話しするときにいいですね。

「長官はどれくらい本を読まれますか」

「一週間で二〇冊読んだよ」

と言うと読んでるようだけど、絵本をバーッと見てたらいいんですから（笑）。

最近、岩波書店から柳田邦男さんが書かれた、『砂漠でみつけた一冊の絵本』という本が出されましたが、あれなどはほんとうにすばらしい本です。あの本には絵本のことがたくさん書いてあります。それから、やはり岩波から、私と柳田邦男さんと福音館の会長さんの松居直《ただし》さんの三人で出した『絵本の力』という本もあります。ここでも絵本のよさが論じられています。

『トムは真夜中の庭で』は児童文学です。フィリパ・ピアスという人の作品は、どれを読んでもいいと僕は推薦しますので、皆さん本屋さんへ行ってピアスというのがあったら、耳のことだけ考えずに（笑）、「これは読もう」と捜してください。どれを読んでもすばらしいです。

特にこの本は、児童文学の傑作中の傑作といわれています。トムという少年が、弟がハシカか何か病気になったので、一緒にいては駄目だというので家族を離れて、知り合いに預けられるのです。これは児童文学に非常にあるテーマでして、家庭を離れるというテーマはすごく多いですね。家の中にいて、お父さんお母さんみんなといっしょに生きるのはあたり前の生活です。そこから離されたときに面白い体験をするわけですね。皆さんでもそうでしょう。どこか旅行に行ったとか、さっき言いましたね、船に乗ったとかいうときに、面白い体験が起こりますね。それと同じで、子どもの場合だと、特にそうです。

トムは、知り合いのおじいさん、おばあさんのところに預けられるのです。自分はほんとうは弟のピーターと一緒に遊ぼうと思ったのに、ピーターが病気なために送り込まれて、げっそりしていくんですね。行ったら、そこのおじいさんおばあさんはいまひとつ面白くないし、そこらを見ても、そんなに楽しいところもない。嫌だなと思っていたんですが、夜中にフッと目が覚めて、何かあるかと思って見に行ったりしていると、また、おじいさんとおばあさんに「夜中にほっつき歩くんじゃない」と怒られてしまうなど、嫌なことが重なって。そういうときに、次の晩でしたか、寝ていたら、下の大時計がなるのが聞こえてきて、数えていたら一三鳴るんですね。面白いですね。時計が一三鳴るのなんてめったに売ってないと思います（笑）。売ってたらぜひ買いたいと思いますが、一二で終わるところが、一三鳴る。

ということはどういうことかというと、違う時間に入ったのです。「どうしたのだろう?」と思って時計のところにトムは見に行くと、「こんなところにドアはなかったのに」と思う所にドアがありそれを開けたら、すごい庭があるのですね。こんな庭があるのに、おじいさんおばあさんは何も教えてくれなかったし、どうしてこんなことがあるのだろうと思って、「これはおじいさんおばあさんに明日、絶対に言ってやらないかん」と思うんですね。

ところが、次の朝起きて見に行くと、扉もないし庭もない。何もないのです。どこを探しても何もない。何もないと思うのだけれど、おかしいなと思って、次の晩、寝るとまた、時計が一三鳴る。それでそこの扉を開けるとパッと庭に出る。

つまり、言ってみれば、心の扉が開いて、違う世界、〝それ〟の世界に入っていったわけです。入っていったのだけれど、今までみたいに恐ろしい世界ではなくて、むしろこれは、すばらしい庭として出てくるのです。

庭というのもいいですね。庭は自分の敷地内だけれど、家の中とは違う。それは、「自我と〝それ〟」というのと似てるでしょう。ところが、その庭もいつも知っている庭ではなくて、全然、知らない庭がそこにある。ということは、もっと深いところへ入り込んだわけですね。

そういうところに入り込んでいってトムはどうしたかというと、そこでハティという女の子に会うんです。そういうところへ行ったときに、誰に会うかというのは、話によって皆違います。いちばんわかりやすいのはどんなのですか。竜宮城へ行って乙《おと》姫《ひめ》に会ったとかというのはわかりやすいですね。浦島太郎にとって竜宮城というのは〝それ〟の世界です。だから、竜宮城という絶対に入れない世界へ入っていったら、だいたいは男の人が行くと女の人がいるし、女の人が行ったら男がいることになっていますね。ときどきは違うこともありますけど。竜宮城へ行って乙姫さんに会ったのなどは〝それ〟の典型でしょうね。そう言えば、こういう話というのは昔話をはじめとして結構多いでしょう。

それから扉が開いて入っていくところに、みんないろいろ工夫があって、竜宮城へ行きましたというのもあるし、「おむすびころりん」なんていうのもあるでしょう。おむすびがころころ転がるから、ついて行ったら他の世界に入ってしまう。それから、文学でいうと、安部公房の『砂の女』などはハンミョウを追いかけていくでしょう。博物館に行って絵をみて帰ってきましたとか、ここに行ってこうして帰ってきましたというのではなくて、思いがけないことが起こる。

ハンミョウを追いかけていくとか、おむすびを追いかけていくとかすると、これは時計が一三鳴るのと同じで思いがけない違う世界に入るわけです。言うならば、私の心の扉を開いて中へ入っていくのであって、そこには不思議な世界があるのです。このトムの場合はハティという女の子がいます。

しかし、こんなのを聞いて、「私は時計が一三鳴るのを聞いたことがない」とか、「竜宮城にもまだ行っておりません」とか言う人がおられるでしょう（笑）。しかし、そういう方でも似たような体験は絶対にしておられると思います。どんな体験かというと、パーティなどに行って、フッと会った人、「わぁ、この人だ！」「この人にぜひもっと会いたい」とか、「後をついて行きたい」とか思うようなことです。ときどき電車に乗ってあとをついていく人もいますね（笑）。つき過ぎてストーカーと呼ばれたりしますが。

フッと見たときに「あ、この人だ！」という感覚が起こるのは、やはり、〝それ〟が関係しているのですね。そのときに、〝それ〟で選んで非常にすばらしい人と結婚している人、たくさんありますよね。思わず、〝それ〟にしたがってそのあと結婚してうまくいきましたというのと、思いがけない大失敗する人もいられますね（笑）。

そのときは、この人と結婚したら、ほんとうに私の願いはみんなすべてかなうと思って結婚しても、一年もすると、「あーあ」というのもあります。それは、〝それ〟がどう影響するか、その仕方でどちら側に影響が出てくるかということなんでしょう。

だから、いつも自我というのは〝それ〟との関係を上手にしておかないといけません。変なときに〝それ〟が飛び出てきたりすると、うっかりしたらトカゲになるかもしれないぐらいなのですから、大変です（笑）。

トムの場合はハティという女の子に会って、ハティとのあいだにだんだん関係ができていくのです。ところが、面白いことに、ハティはだんだん大きくなっていく。年をとっていくんです。こういうところが面白くて、エスの世界というのは、自我の世界と時間が違うんですね。われわれのこの世界は時計によって、きょうでも六時半から八時半までと決まっていますね。それにしたがって、皆、六時半に来られて八時半に終わることになっています。それから、誰かと会うときにも、「二時に有楽町で会いましょう」というふうに決めて行きますね。ところがエスの世界は時間がムチャクチャになっている。

ムチャクチャになっていることがいちばんよくわかるのは夢です。夢の中で、自分は子どもになったりしてませんか。もっとひどいときは、友だちだと思ってる人が知らない間にお父さんになったりするでしょう。だから、あの世界は、時間もいろいろなものがゴチャゴチャになっているんですね。あ、一つ言うのを忘れてました。さっき、カフカの「変身」の話をしましたが、夢の中では動物になる人がいます。皆、見たことがありますか。ちょっとおられないでしょうね。「いや、私はブタでしてね」とか、ないでしょうね（笑）。

僕は、〝それ〟の世界のことをわかって、どう生きるかというのをやっているから夢ばかり聞いてるわけですね。ときどき、そうすると夢の中で動物になる人がおられます。いろいろな動物です。

ついでに言っておきますと、『日本霊異記《にほんりょういき》』とか、『今昔物語』とかを読むと、夢で動物になったのがわりと出てきます。たとえば、猟師で、いつも狩りをしていた人が夢の中で自分は雉《きじ》になっているのです。雉になって、雉の奥さんも子どももいて、みんな仲よく暮らしているときに、急に狩人《かりうど》が来て、自分の目の前で、自分の奥さんも子どもも殺されるのです。雉ですから、あたり前のことですね。ワーッと思って目が覚めて、もう狩りをするのはやめたとか、そういう話があります。

「私」という人間はいつも「私」だと思っているけれども、夢の中にいくと、ときどき、違うものになるというのはすごいことですね。逆に、〝それ〟のほうが強くなると、この世の「私」を見失ってしまうわけです。私が聞いた中でいちばんすごい夢は、「ふと気がつくと、私は一枚の浴衣《ゆかた》でした」という人がおられました（笑）。このように、ときどき、ものになる人がいます。時計になったり。でも、浴衣になっていて、誰かが僕を着たので、非常に不愉快であったと(笑)。その夢を見た人の名前は公表してもいいと思います。自分で発表しておられますから。横尾忠則《よこおただのり》さんです。ああいう人はすごい才能があるのですね。浴衣になろうと思うたら、よほど才能がないと(笑)。皆さん、今晩、見られるかもわかりません。面白いのを見たら、報告してください。「そのとき、私は一枚のハンカチでした。振られました」とかね。

『トムは真夜中の庭で』の場合は、時間間隔がムチャクチャになって、ハティはだんだん年をとってきますね。そしてハティが大きくなって、スケートで氷が張っている川をトムと一緒に下るところが出てきます。僕はあそこが大好きです。ハティは女だけど、トムという少年と手をつないで走っているから、パーッと実にうまく力強く滑っていきます。どうですか、女の方たち、一人で氷の上を滑っているときに、やはり、男と手をつないでいるような気持ちになったら、ムチャクチャ強くなるでしょう。そういうときってありますね。それを見ていたら、「あの女の人、ものすごい馬力で滑ってるな」というのだけれど、実はトムと滑っているというか。こういうことって、僕はあると思いますね。

「われにもあらず」とか、「そのときだけものすごく元気が出た」とか、「何であんなことをしたんでしょう」とか、あるいは、「なぜ、あんなことができたのだろう」とか。「あのときにかぎって私はバーンとやった」というときに、「私がやっただけでなくて、あのとき、トムと一緒にやったのよ」とか言ったほうがわかりやすいようなときがあります。そうやって女の方が、知らない間に目に見えない男性と一緒にいる強さをもって行動する感じが非常にうまく出ていると思います。

そういうようなことがずっと重なっていって、そして、とうとう、ハティはボーイフレンドと一緒になって、もう結婚するというところまでいくのです。それからが面白く、詳しいことは言いませんが、夢の中であったことと、自分の部屋の中に隠したスケート靴などが出てきたりと、現実と夢とがときどき交錯するんです。こういうことはめったにありませんけどね。

これも、皆さん、あまり経験されないでしょうが、夢で見たことが現実とそっくりということが出てきます。なぜか知りませんが、重なるのは非常に不思議です。

たとえば、皆さんが昨日の晩、夢を見られたとして、石見《いわみ》の鉱山に行ったとします。鉱山に行ったら、自分の隣にこういう人が座っていたという夢を見て、きょうここへきてみたら、「えー。この人、昨日の夢の人やわ」ということがときどき起こります。たくさん起こる人は危ないです（笑）。わかりますね。たくさん起こるということは、ちょっと扉が開き過ぎです。それでも、そんなに開いてなくても、ときどき内界と外界が呼応します。なぜかわかりません。そういうことがあるとしか言いようがないです。ほんとうに不思議ですが。

ともかく、そうしてトムはいろいろな不思議な体験をするので、家に帰らないでもよくなるんですね。家よりも、こちらの体験のほうが面白い。お母さんにしたら、トムは一人でかわいそうにと思っているけれど、トムは帰らなくてもこちらのほうが面白いと思うようになっていますね。ああいうところも非常にうまいです。一人の少年が、自分の内面に関わる体験をし出すと、お母さんお父さんからも離れ、家から離れる。そうして成長していくのですね。

そしてもう一つすばらしいのは、結局、トムが経験したことはその家の家主のバーソロミューという、おばあさんの夢だったのですね。トムのいたアパートのそのいちばん上に住んでおられるおばあさんが、自分の子ども時代を思い出して、「あんなことあったな、こんなことあったな、そこの庭で……」と。実際にそこにはむかし庭があって、バーソロミューのおばあさんが少女時代からずっと体験したことの夢を見ているうちに、その夢の中にトムが入ってくるんですね。そして、トムと一緒にずっといろいろ行動する。そういうことだというのをトムはもちろん、知りません。

最後のところで、トムがガラス割ったか何かそういうことがあって、家主のバーソロミューのおばあさんのところに謝りに行くのです。怒られると思ったら、バーソロミューのおばあさんは「え、トム、あなたなの！」と。夢に出てきていますから。喜んで二人は抱き合って心が通うというところが出てくるのですが、ほんとうにすばらしいなと思うのです。

こういうのを読んでいると、おばあさんが一人でずっと寝ているときに、あのおばあさんは何もしていないというのは大間違いであって、おばあさんが寝ていることで、一人の少年が成長することに役立っているということがあるんじゃないかと、僕はこのごろ思っています。ほんとうに。そんなうまいこと、夢には出てきませんよ。なかなか出ようと思っても出られないけれども、言うならば、おばあちゃんが寝ていて、ときどき孫が行って、「おばあちゃん、どうしてる？」と言うだけで、「おばあちゃんは何もせずにいる」と思うけれども、その子の成長の心の深いところで役に立っているのではないかなと、僕は思うのです。そう考えると、高齢者が何もせずにいるというのも、すごくすばらしいことかもしれない。

トムに対して、お父さんもお母さんもできなかったことをこのおばあちゃんはやっているんですね。トムが、女性というものはどういうもので、どういうふうに成長していくのだろうということを、心の中で体験するのですから。これはお父さん、お母さんがいくら説教してもできないことです。そういうことができているというのをうまく感じさせるところが、こういう小説のすごくすばらしいところです。これは、そういう意味でいうと、心の庭での体験なのです。

考えてみたら、人間は皆、心の中に自分の庭をもっています。その心の中の庭、これはプラスの庭ですね。庭という点ではトムは男の子で、男の子の庭だけれど、女の子の庭が『秘密の花園』です。それは、「もっと読んでみたい人のために」というところに書いてある、バーネットの『秘密の花園』、これは女の子の庭の典型です。それがやはり、すごいプラスになっていますね。プラスの意味をもっている。しかも、秘密の花園です。

そういうふうに考えると、これは何も少年少女に限らず、誰でもがもっているものだと思うのです。言いようによると、おじいさんなどで、ときどき庭を剪定《せんてい》して喜んで、あとは寝ているなどという人も、ひょっとしたら、それは心の中の庭かもわかりませんね、おじいさんにとっては。家族は「おじいちゃんは庭だけしている」とか言って、悪口言いたくなるんだけど、「心の中の庭の手入れしておられる」などと思うと、すごく面白いですね。

あるいは、皆、どんな私の庭をもっているのだろうとか、私の庭を訪ねたら、何がいるのだろう――ゲジゲジがいるかもわからないし、蛇がいるかもわかりませんが――とそういうふうに思ってみると、なかなか意味があると思います。そういう典型的なお話です。そうした庭の話はまだまだたくさんあります。「児童文学の中の庭」ということをテーマにして、以前僕は話をしたこともあります。そのぐらいたくさんあります。

4

最後に、オイゲン・ヘリゲルの『日本の弓術』を挙げました。これはすごく感じの違う本なのですが、やはり、〝それ〟というのが出てくるんです。すごく印象的な〝それ〟が出てくるのです。そのためにこの本を挙げました。これは私が中学生のときに読んだものですから、今でもものすごく印象に残っている本です。そのころはまだ、岩波文庫には入っていなかったと思います。

兄貴に勧められて読んだのですが、どんな本かといいますと、オイゲン・ヘリゲルというドイツの哲学者が東北大学に来まして、日本人に哲学を教えたのですが、彼は自分が日本人にドイツの哲学を教えるだけでなく、自分も日本のことをもっと知りたいというので、すごく日本的な日本の弓を習おうと思うんですね。で、その弓の先生のところに行くんです。すると、弓の先生はすごいことを言い出すんです。「矢を離そうと思ったらいけない」、あるいは「射《う》とうとしてはいけない」というのです。矢が飛んでいくのであって、あなたが射ってはいけないと言うのです。その練習をしなさいというのだけれど、ドイツ人ですから、いくら言われたようにしようと思っても矢は離れないわけですよ（笑）。「こんなもん、離さないと飛ぶはずがないやないか」。しかし、射とうと思わなくても、離そうと思わなくても矢が飛んでいくのだと師範は言うのです。

そのうちに、ヘリゲルは考えて「わかった」と思うのです。矢を握っている指を、一本ずつ離していくと、素直にポンと飛ぶのではないかと。そのとおりにすると、先生がものすごく悲観して、それでは話にならんと。「合理的に考えるから駄目だ」と言うのです。ドイツ人のほうも腹が立ってきたんですね。で、「先生、そんなことを言うけども、離そうと思うから飛ぶわけだし、的を狙《ねら》うから的に当たるわけだし。先生は的を狙ってもいない、離そうとも思っていない、それで射てるなんて言うんだったら、真夜中でも射てるんでしょうな」、「真夜中で的など見えなくても当たるんでしょうな」と、ヘリゲルが腹たち紛れに言うのです。すると、先生は、「そしたら、今晩、道場に来てください」と言うんですね。

で、道場に行ったら、師範の先生が射つ場所はろうそくの明かりがあるのですけれども、的はぜんぜん見えません。真っ暗な中を先生が射つのです。しかし矢は見事に的に当たり、しかも次、二の矢を射ったら、それは一の矢の矢筈《やはず》を割って刺さるのです。それをヘリゲルに見せて、先生が言うんです。

「これは私が射ったのではありません。〝それ〟が射ったのです。〝それ〟に二人で頭を下げましょう」と。〝それ〟の偉大さというか。わかるでしょうか。〝それ〟というのは、ものすごくイヤで恐ろしい、下手したらトカゲになるという面と、また、それにおまかせしたら素晴らしい面と、まるっきり違う感じがある。そういうことで言うと東洋人のほうが、〝それ〟のポジティブな面をよく知っているといえるように思います。

それはなぜかというと、自我というものをがっちりと作って、それが外界にどう対応するかというふうに考える西洋人に比べて、東洋人は自我のつくりが曖昧《あいまい》なんです。そういう自我をつくっている。こちらのよさがわかる。自我をしっかりと守り過ぎると、こういう面白いことは起こりにくい。こういう面白いところがあって、そのスケのよさというのを最大限に知っている人が、こういう弓の人なんですね。

これを僕は中学のときに読んだのですが、このときほんとうに日本人はすごいと思って感心しました。たしか、東北大学へ行ったときに、この矢と的が記念品として置いてあるのを見たことがあります。どこで見たかは、今、覚えがないのですが、まさか夢ではないと思いますけどね（笑）。おそらく東北大学のどこかの陳列室で見たと思います。まず、オイゲン・ヘリゲルが師範から記念にもらって帰って、それをあとで東北大に置いて帰ったのでしょう。まさに〝それ〟の記念品です。

これは私と〝それ〟のすごさ、つまり、プラスのすごさとマイナスのすごさもあるということの、プラスのほうのことを示している。これは小説ではないですね。オイゲン・ヘリゲルは自分の体験を書いているわけですから。こういうことを、僕がヨーロッパやアメリカに行ったときに話すと、向こうの人がすごく喜びますね。

たしか、私がアメリカにはじめて行っていたころではないかと思いますけれど、それだったら、日本の、〝それ〟が射つのと、ヨーロッパの人みたいに人間が狙って射つのとどちらがよく当たるか、競争しようというので、あるテレビ局が企画したことがあるんです。見た人、ありますか。テレビ局が企画して、西洋のアーチェリー、それは狙ってパチッとやるのと、日本の弓道の人が射るのと競争したのです。結果は、西洋の弓のほうがよっぽどよく当たりました（笑）。日本の方はバーッと外れるんですね。それをまた、知っていたアメリカ人がいて、僕に「Kawai、僕はオイゲン・ヘリゲルを読んで、ものすごく感激したけれど、実際にテレビでやったら、西洋のほうがよっぽどよう当たる。日本のなんか、ムチャクチャ離れたところにバーッ行ったりして。なんで、ああいうことが起こンねや」と言うから、僕はこう言ったのです。「ああ、あれは、テレビに出ますと言ったときに、日本はもう負けています」と。日本の弓術は、テレビでやるもんではありません。見世物にやろうと思ったときに、その人はもう負けているんです。見世物に勝とうと思っている人が、〝それ〟の力を借りたりはできません。「自分で何とか当ててやろう」と思うのに違いないですよ。だから、テレビに出ようとしたというだけで、それはほんとうの日本の弓術ではありませんと言ったら、みんな、「なるほどな」と感心してましたが、どこまでほんとかわかりません(笑)。でも、わかるでしょう。その辺りが非常に難しいんです。

だから、日本がいい、日本がいいと喜んでも、テレビでは西洋の弓のほうがよっぽど当たるわけですからね。だからと言って、もう日本はしまいやと、全部、西洋がいいかというと、実際にオイゲン・ヘリゲルが経験したようなことがあったのは事実だし、それを聞いたときに、僕らは「なるほど」と思うところがありますよね。〝それ〟におまかせする。現代に生きるとは、この両者を共に受けいれることだ、と思います。

実際に私がいろいろな方の相談を聞くときでも、何かよい方法があるか、と一緒に考えているときは、私の自我が活躍しますね。ところがそうではなくて、私の〝それ〟に活躍させるようなときというのがあるわけです。あり方が変わってくるわけです。

どんなことかというと、来られた人が、自分はこうこうこういう問題をかかえていて、あれしようか、これしようか困っていますと言うときに、僕も考えて「それだったら、こちらのほうがいいですよ」と言うときは、僕の自我がものすごく関与して、僕の経験や知識が役立って、そういうふうに言いますね。ところが、そんなもので答えが出ないことがものすごく多いじゃないですか。

たとえば、酒を飲みすぎて、アルコール依存症になってべろべろになっているような人が来られたときに、「どちらかといえば、酒をおやめになるほうが……」なんて言うたって、何の意味もないです（笑）。その人は酒を飲まないほうがいいと思っているのだけれど、飲んでおられるのですから。そんな人が来られたときに、僕は「酒は飲むほうが悪い」なんて絶対に言わないです。飲もうと、飲むまいと、何をしようと、「ともかく、それはどういうンやろなぁ」と思って聞いているときは、僕はボヤーッと聞いているのです。つまり、僕の心の扉をできるだけ開くように聞くんですね。

これはやっぱり一種の修練です。僕らはだんだん、それが上手になってきて、傍で聞いてると、普通の会話しているようだけど、普通の会話とものすごく違うということが、ちょっと気をつけるとわかります。

たとえば、学校に行ってない子が来ますね。「先生、僕は学校、行ってへんのや」と言うと、普通の人は必ずどういうかと言ったら、「君、いつから行ってないの」「三日か。何とかしたら、行けるのではないかな。ところで、お父さんの職業は何?」「父親は大学の教授です」「そら、あかんわ」とか何とか言う(笑)。そんなの、何もわからんわけでしょう。わからないのに、いろいろ聞いていろいろ言うのは、自我が勝手に働き過ぎてるんですよ。そうではなくて、僕の自我で考えて答えが出るようなことは、答えにならないと思うと、「学校に行ってへんです」と言うと、「あ、そう」と言っているだけですよ。黙ってたら、こっちもほとんど黙っているぐらいです。その子が「先生、よう降りますねえ」と言ったら、「ああ、降るなあ」と雨の話をするんです。

あっちへ飛んだり、こっちへ飛んだりするのを、心を開いてついていくと、面白い答えが出てくるんですね。それは、僕が言う答えではなくて、その子の〝それ〟が答えを出してくれるのです。そういうふうな会い方をしているときと、そういうことではなくて、僕が答えられるときとは、場合によっては分けなくてはならないのです。だんだん、だんだんだんそういうことが上手になっていくためには、ここにあげたような書物を読むことも必要なわけです。

そのときに、ユングとかフロイトとかいう人は、夢を聞こうと考えだすわけですね。つまり、夢は、まさに〝それ〟が夜中にいろいろ見せてくれるわけですから。夢を聞いて、夢を頼りにやっていこうと考えると、〝それ〟というやつは、プラスの面とマイナスの面とある。

そのときに、プラスの面もマイナスの面もあるということをすごく強調したのがユングです。フロイトのほうは何とかしてマイナスのものをしっかりつかんで、やられないようにちゃんとしようというほうの側に重点を置きました。ユングはプラスもあるから、プラスもマイナスも一緒に入れ込みながら、マイナスにやられないようにしながらプラスを何とか生きようとしたほうがいいのではないかとすごく強調しました。だから、ちょっと態度が違うのです。どちらにしろ、〝それ〟というのが大事だという点では同じですね。

5

その扉を開いていくと心の底でどういうことが起こるのか、どういうことがあるのかということは、二回、三回、四回と順番にお話ししますが、きょうの分で、もっと読んでみたい人のために、そこに書いてあるものについて、ひと言だけ付け加えておきます。

桑原知子さんの『もう一人の私』というのは、つまり、さっき言いましたもう一人の私が心の中にいるという意味で、それは二重人格になったり、二重身になったり、いろいろ出てきます。そういうお話というのはギリシャ神話以来、いっぱいあるのです。そういうのをたくさん調べて、書いておられる。それに心理学的な解説をつけられています。そういうことの好きな人は読んでください。面白いです。

その次の『シビル――私のなかの一六人』は、一六重人格です。二重人格でびっくりしてたんですが、このごろはだんだん増えてきていまして、一六ぐらいある。二重人格は、男の人の第二人格は男、女の人の第二人格は女と決まっていましたが、一六重人格ぐらいになると、男も女も出てきます。異性の自分です。だから、男の人なのに、女になって、誰かいい男の人と結婚したいと言い出したりするぐらいになります。

そういう意味でもっとたくさんあります。こういう類《たぐい》の本はいっぱい出ていますが、その中で一つだけ挙げました。これも面白い本です。

次の岩宮恵子さんの『生きにくい子どもたち』というのは、さっき僕は引きこもりの話をしましたね。あれと同じことで、〝それ〟のほうにグッとつかまれると、この世に生きにくくなるのですが、そういった話がいろいろと出てきます。最初に紹介した山田さんのお話からよくわかるように、声が聞こえてきたり見合いのときに笑ってしまったりする。それがつまり、この世に生きにくい子どもたち。それは学校へ行けないとか、ものが食べられないとか、笑ったらいけないときにゲラゲラ笑うとか、そういうことをやって皆から顰蹙《ひんしゅく》を買うのだけれど、そうした生きにくい子とよく話をしていると、その子たちの心の中の〝それ〟が大事だとわかってくる。そういう子どもにどんなふうに会っていったらいいだろうということが書いてある。これも、われわれと同じ仲間の臨床心理士の人です。

先ほど言いました『秘密の花園』。これは庭の話をせっかくしましたので、トムが男の子の庭の話であったように、女の子の庭のことを知りたい人は『秘密の花園』を読んでください。これも児童文学です。すごく読みやすいです。このバーネットという人はみんなご存じの『小公子』『小公女』を書いた人ですね。その人の作品です。

最後のシャーロット・ゾロトウという人の『あたらしいぼく』というのは絵本です。この絵本はどんなものかというと、一〇歳ぐらいの少年が、それまでおもちゃ箱で遊んだり、弟と遊んだりして喜んでいたのが、ふとある日、急に面白くなくなってくるんですよ。妹だったか、弟だったかが、声をかけてきたら、「やかましい。向こうへ行け」と言いたくなってくるし、今まで好きだったおもちゃでも、「こんなもの放ってまえ」となる。何もおもしろくない、おもしろくないと思っているうちに、自分は前と変わってきている、何か自分は新しい自分になってきたという、その体験が非常にうまく書かれています。

これは、皆さんも自分で体験してこられたはずですが、一〇歳ぐらいのときにちょっと変わるんですね。それから、もちろんご存じのように、思春期、青年期にガラッと変わります。だから、変わる人は、思春期になったら、今までおとなしかった子がムチャクチャやったりするのもあるし、今まで暴れまわっていた子が急にものを言わなくなったりもするし。そうして、自分と〝それ〟との関係で生き方をみな変えていくときに、「僕は変わったな。ここで変わったんだ」という、その体験をする感じが非常にうまく書かれている絵本です。これは、それぐらいの年齢の子がすごく喜びます。「なるほど、やっぱり自分はおかしくなかったんだ」と。

ときどき、子どもの中には反省している子がいるわけです。今まで妹のめんどうをみていたけど、急にうるさくなってきた。これは私が悪くなったからだと。この絵本には、そうじゃなくて、成長するということはそういうことがあるんですよ、ということが書かれていて面白いわけですが、そういうものです。

私というものが、〝それ〟との関係で、いろいろ変わっていく。そういうことを書いている本を挙げました。関心のある方はこの中のどれでもいいですからぜひ読んでみてください。すでに読んだことのある人も再読してみてください。

質問　山田太一さんの『遠くの声を捜して』のお話の中で、妄想的な精神病は同性愛の傾向があるというか、関連があるようなことをおっしゃっていましたけれど、人は生まれつき、そういうものをもっているのか、それとも、後天的なものでしょうか。

河合　それは、ちょっとこの話から外れますが、大事なことです。今から三〇年ほど前は、同性愛は異常だから、何とかして異性愛に直さなくてはいけないという考え方が非常に強かったのです。このごろは、なぜかわからないけれどもそういう傾向を持って生まれてくる人がいるのではないか、ならばそういう人はそのままでいったほうがいいのではないかという考え方に変わってきています。

ただし、皆さんだって、特に女性の方は自分で思い出されたらわかると思いますが、宝塚などムチャクチャ好きになることがあるでしょう。あれはすぐに異性を好きになるのは危ないから、同性で練習するみたいなところがあるんですね。男のほうでもそうだけれども、男の子ばっかり集まって「女みたいなもん、何だ!」とか言っているけど、ああしながら、そこの友情がもう一回変わっていって、異性愛に変わりますね。そういうふうに同性愛的なことを体験して異性愛に変わる。成長のプロセスで、そこでなかなか成長しきれないでいる人がいる。さっきの妄想型の統合失調症の人が、同性愛傾向をもっているなどというのは、その類です。まだ、きちんとできあがっていないから。まだ、その辺の段階にいると考えていいのですが、どうも、このごろでは、なぜかわからないけど、同性愛的な傾向をもって生まれてきた人は男にも女にもある、そういう人はそのままの人生をいかにちゃんと生きるかというふうにしたほうがいいと考え方が変わってきました。

だから、われわれは同性愛の人が来られると、この人は異性愛に変わっていくほうの人なのか、そのままでいく人なのか、ものすごく考えながら会っています。そのままで幸福な人生を歩んでほしいとする場合と、やっぱり話をするうちに変わっていく人と両方あります。

僕らがアメリカに行ったころには、それは異常であるだけではなくて、州によっては犯罪だと思われているところがありました。同性愛というだけで、犯罪者として捕まえられるところがありましたね。ところが、今、アメリカはすごく変わって、男の人同士、女の人同士の結婚を認めているところさえあります。

質問　具体的に、誰か、ほんとうに別の自分がいるわけではなくて、一種の幻視なのでしょうか。誰かいる人を自分と見間違うというか、思い誤るか。

河合　だいたい、ほとんど幻視です。見ている人を、「この人が私だ」というのではなくて、見えるけど、幻です。そういう人にも僕はお会いしたことがありますけれど、やはり、二重人格よりも、二重身のほうが深刻じゃないかなという感じがします。

質問　山田太一さんの『遠くの声を捜して』を、主人公が自分に似ている気がして、非常に身につまされながら読んだのですが、最後に声と会ってから半年間、声が「半年たったらまた会うから」ということで、離れてしまって、そのあいだに主人公はけっこう、成長までいかなくても反省とかをするとは思うのですが。そこでまた、次に会った声が、ほんとうは自分は醜いのに、美しい姿の目の見えない女の子だけを記憶に残して、もう二度と会わないと行ってしまうのが、すごくひっかかるというか、気になるのですが……。

もう、この人は〝それ〟からの声を聞かせてもらえないのか、ほんとうは醜いのに美しいものだけを記憶に残していってしまうとはどういうことなのだろう。ほんとうにそれを受け止める力がこの人にないということで、ほんとうの成長をさせてもらえなかったのか、すごく悩んだのですが、そのへんはどう考えたらよいのでしょうか。

河合　そういうふうに悩んでくださることを作者は期待しているんじゃないかと思います。答えを与えていないのですね。次回に、『スキャンダル』の話をしますが、あれだって、これが答えだというのを出していませんね。文学者の人たちは問題を提起してきて、あなたが読まれたように考えたり、悩んだりしながら読んでもらいたいのです。そして、皆がちょっとずつ身につまされるのはあたり前です。

たとえば、皆さん、ノイローゼのことを書いた本を読まれたら、これも私に似てる、これも私に似てると思われるはずですよ。どのノイローゼも、私、ぜんぜん似てないというような人は、ずいぶん近所が迷惑している人です(笑)。どこか、これ私みたい、これ私みたいと思いながら、皆、普通に生きているわけですね。作品を読んで身につまされながら問題をもって生きてください。僕はそれが作者の願いではないかと思います。

で、本の中には作者が明確に答えを与えてくれる本もありますね。本を読んでいたら、答えがすごく出てくるような、完結したようなのもありますし、問題を提起しているものもある。で、この山田さんのほうはむしろ、後者の側面が強いのではないかなと私は思いました。今度、お話しする『スキャンダル』もその類です。『トムは真夜中の庭で』などは、どこか完結していったというような感じがありますね。文学作品は、いろいろな狙いをもっていると私は思っています。

Ⅱ

心の深み

まず読んでほしい本

村上春樹『アフターダーク』講談社
遠藤周作『スキャンダル』新潮文庫
山口昌男『道化の民俗学』ちくま学芸文庫
吉本ばなな『ハゴロモ』新潮社
ハンス・ペーター・リヒター『あのころはフリードリヒがいた』（上田真而子訳）岩波少年文庫

もっと読んでみたい人のために

モーリス・センダック『かいじゅうたちのいるところ』（じんぐうてるお訳）冨山房
吉本ばなな『アムリタ』（上下）新潮文庫
エリ・ヴィーゼル『夜』（村上光彦訳）みすず書房
井筒俊彦『イスラーム哲学の原像』岩波新書
E・L・カニグズバーグ『ジョコンダ夫人の肖像』（松永ふみ子訳）岩波少年少女の本

私は、自分の本を出したときは、「読まなくていい」と言ってるんです。「買うだけでいいんだから」って（笑）。きょう、これからご紹介する本は、皆さん、是非読んでください。

心の扉を開いてみると、自分の心の深いところに自分の知らない世界がある。それを〝それ〟という呼び方で呼んだところが面白いと言ったのですが、今度は、その〝それ〟の中身です。そこへどんどん入っていったら、どういうことがあるかということを、きょうは、いろんな本でお話ししたいと思います。

1

いちばん初めに取り上げるのは、村上春樹さんの『アフターダーク』という本です。これが出版されたのは、二〇〇四年です。村上春樹さんの本は、ご存じのように面白い本が多くて、私もいろいろ、それについてコメントしているんですが、この『アフターダーク』という言葉を見ただけで、「あ、これは無意識の世界」だ、つまり、夜の世界になるのだから、無意識の世界のことが書いてあるなと思って読みましたら、ほんとうにそのとおりの本でした。

巧みに書けていて、われわれが研究している深層心理学の考え方を説明するのに、もってこいというほどの本だと思ったのですが、面白いのは、村上春樹さんは、私の書いたものとか、ユングの書いたものはぜんぜん読まれません。そういうふうなものを読んで、何か変な知識があるよりは、自分自身の体験で書いたほうがいいと思っておられるし、私もそうだろうと思います。下手に知識があるほうが、書きにくいと思いますね。

だから、この『アフターダーク』も、別に無意識とかそんなんじゃなくて、村上さんに言わせると、要するに、一人の若い女の人が、ひと晩ずっと寝ずに起きてたらどんなことが起こるだろうと思って、思ってるうちに、いっぱい心に浮かんだことをザーッと書いたんだということです。で、そのほうがむしろ私のような人間が読むと、無意識の世界が非常にうまく書けているなぁということになると思います。

逆に、たとえば私が深層心理学の理屈にあうようなお話というのを書いたとすると、それはぜんぜん面白くないと思います。皆さん、読まれても迫力がないと思いますね。そういうところが、創作というもののすごく面白いとこだし、私はだから、自分自身で創作活動をする気はありませんね。できないと思います。

きょうもいろんな小説を持ってきましたが、そのへんの作家の方の迫力というのはすごいと思いますね。

この『アフターダーク』というのは、主人公は一九歳の女の人で、浅井マリさんという人で、エリさんという人ときょうだいです。エリさんはお姉さんですが、きょうだいというのはほんとうに面白いといいますか、いろんなことが起こりますね。それが双子だったりすると、もっと大変です。なんか、自分とすごく似たやつがいるわけですから、自分のアイデンティティということを大変脅《おびや》かされるわけです。皆さん、きょうだいのいる方は、仲の悪い人、仲のいい人といろいろありますが、それも似てるから仲がよかったり、似てるから仲が悪かったり、反対だから仲がよかったり悪かったりするのですが、マリさんとエリさんの場合は、エリさんが典型的な美人なんですね。誰が見ても美人だと思うような人で、白雪姫の生まれ変わりみたいで、美人がいると男どもが寄ってきてチヤホヤします。それをマリさんは見ていなければいけない。小さいときから、お姉さんのところにはワーッと人が寄ってきて、愛想を言うのに、マリさんはいつも放っておかれるわけです。

こういう関係になると、いろいろ自分なりに考えさせられますね。皆さんも自分の人生を考えてみられたらわかると思いますが、たとえば兄さんが優等生をやると、次男が優等生をやったって、もう駄目ですよね。兄貴が場所を取ってるから。「そんなンやったら、せめて劣等生でもやるか」とかいって、よけいメチャクチャしたりするようなことが、起こったりします。

この場合でも、エリさんが美人をやってンねやったら、私は違うほうでいこうと思っていたところへ、お母さんが、「あっちが美人やったら、おまえは秀才でいけ」という。またこれも、お母さんが意思を押し付けてくると、それも嫌だし……。才媛《さいえん》は嫌だし、美人はなろうと思っても簡単になれないしというので、困っていた。

ところが、そのエリさんという人は、昏々《こんこん》と眠り続けて、目が覚めないという面白い病気になってしまう。その姉さんが寝ているのをずっと見ているのがつらいものですから、マリさんは家に帰らずに、いっぺん一日中起きていようというわけで、店へ入って、ちょっと食べたり飲んだりしながらひと晩を過ごす。で、そのひと晩が、皆さん、読まれたらおわかりだと思いますが、面白いのは、時間が順番に書いてあるんですね。ちょうど夜中の一二時から順番にズーッと時間の経過に従って、朝が明けるまで、そのひと晩のことがここには書かれているんですね。

こういうのを見ると、私は、先ほど言いましたように、『アフターダーク』という作品は、暗闇《くらやみ》の中に入っていくわけで、マリさんの無意識の世界ということが書いてあるなぁというふうに思うのですが、面白いのは、マリさんは眠らずに起きているんです。言うならば、目を覚ましたまま夢を見ているということなんですね。寝て夢を見ると、エエ加減になります。朝起きて思い出そうと思っても思い出せなかったり、「なんか見たなぁ」ぐらいでおわるけれど、目を開けて見ていたら完全に覚えているんですね。

そんなおかしな話です。これはまあ、象徴的に言ってるわけですが、無意識界に起こることをしっかりとつかまえてみようというので、そこに起こったことが書かれているんです。この小説の面白いところは、マリさんという人が見た世界が書かれているだけではない。それをもう一つ超越した、「私たち」という書き方がしてありますけど、どこかものすごく上のほうから、全体を見下ろしている目が全部を見ている。だから、マリさんに関係のないことまで見えているという書き方がしてあります。

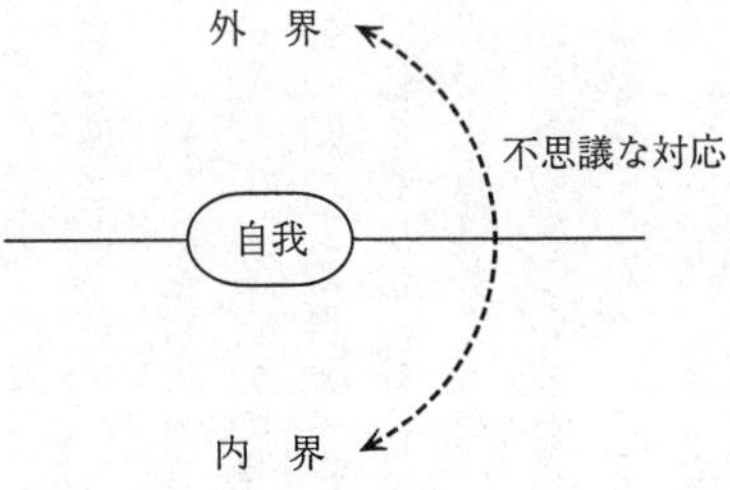

そんなンやったら、「マリさんの見た夢」とか、「マリさんの無意識の世界」などというけれども、誰かほかから見てるのかということになりますが、

私は思うんです、実際、この前はちょっと図を描いたりしましたが、ほんとうは心なんて図に描きようがないんですね。どう描いたらエエかもわからないんだけれども、言うならば、いちばんわかりやすいので、この前〝自我〟という言葉を言いました。自分の知っている自分の世界というのがあるわけですね。

自分の知ってる自分の世界があるんですが、私を取り巻いているのが外側の世界、外界で私を取り巻いているいろいろなもの、たとえば私がここにいると、皆さんは全部外界ですね。ところが、私に内界というものがあって、私の心のなかでもいろんなものが、ものすごいいろんなものが取り巻いている。「これ、ほとんど一緒やないか」と僕は思ってるんで、こういう図で示してみるのもエエかなと思ってるぐらいなんですね。

そうしますと、自我が自分の内界を見る、あるいは自我が自分の外側を見る。というのは、自分が見てるわけですから、私がたとえば、自分で喋《しゃべ》りにここへやってきました。そうすると、たくさんの人が私の話を聴いています、というふうなことじゃなくて、これをもう一つ上から見てるのがいる。それで、「河合隼雄は喜んで話をしてるが、聴いてない人が三人おられる」とか(笑)、「寝てる人が四人おられる」とか、そういう、私が見ていないこともう一つ、見てる存在がある。

そういうときに、その外界の記述には、私の目で見るか、私をこえた目から見るかの二つがあります。で、内界も同じように、私の知ってる内界と、私の知らない内界があるという考え方があります。僕はそう思っています。

だから、私の心の中で起こっていることというのは、外界と同じなのです。私はいま、ここから見てますけど、もっと外では何が起こっているかわからない。交通事故が起こっているかもわからない。あるいは戦争が起こってますね。餓死する人もありますね。そういうことがいっぱいあるように、私の心の中っていうのは、すごいことが起こってるんじゃないかと思うのです。だから、それを書こうと思ったら、もっと上から見る目がないといけないと思います。そういう考えで書いてあるところがすごく面白いのですね。

内界というと、自分の内界を自分が全部知ってるように思うのは大間違いで、自分の内界の中で、自分が見て知っていることというのはほんの少しにすぎません。その外にいっぱい知らないことがあるんじゃないかというふうに、私は思います。

それからついでですが、自分のことでありながら、なんか違う目で見てるというのは面白い現象ですね。皆さん、そういうことをおやりになったかどうかわかりませんが、私が話をしていることと関係もありますが、人間の意識には水準というものがあるんですね。今の私の状態のように、皆さんを見ながら自分の考えていることを話している。このようなときは意識水準が高いと言えます。ところが、ここでだんだんボーッとしてきたら、何人おるかもわからなくなるし、何を言っているのかもあやふやになる。ひどくなったら寝てしまうわけですが、それは意識水準をズーッと下げていくことになります。意識水準を下げると内界のことは見えやすくなるんだけど、内容はぼやけてくるという、そういう難しさがあるんですね。

そのときに、意識の水準を下げて、下げて、内界を見ながらぼやっとせずにしっかり見る。それをさっき、「目を覚まして夢を見る」という言い方をしましたが、そういうことが、人間、意図すればできるんだというので、それを組織的にやっているのが宗教の〝修行〟というものです。禅をする人なんかは座って、自分の意識水準を下げていくんだけれども、その際に非常に明晰《めいせき》に自分の体験を捉《とら》えようとしている。それを、修行ではなく、実際にやる一つの方法に、催眠というのがあります。

催眠なんていうと、皆、嘘《うそ》っぱちに思うんですが、催眠というのは、ほとんどの人がかかると言っていいぐらいです。私が、ほんとにかける気になれば、皆さん、全部かかって、かからない人がおられたら、それは非常に知能の低い人か、精神の病気をもった人です。なんて言うと、皆、「かからなイカン」と思うでしょ（笑）。そういうふうにして、だんだんかけていくんですよ（笑）。実際そうなんです。そういうふうにしているうちに、ほんとうにかかってきますね。そうすると、たとえば私が誰かを催眠にかけて、「あなたは喉《のど》が渇いてきたから、熱いコーヒーを一杯飲みたいと思うでしょう」と言って、「はい」とか言って水を渡しますと、それをフーフー言いながら熱そうに飲んだりします。

それから、「だんだんこのへんは水害で、水につかってきました」と言うと、机の上へパッとのぼったり、そういうことをするんです。つまり、意識の水準が下がってきて、暗示にだけは従うのでそんなことになります。そうすると、そういう人に、「あなたは今から催眠が覚めますよ。覚めますけども、私が手を上げたら、私の頭をガーンと思い切りなぐってください。しかし、私があなたに、催眠のあいだに暗示をかけたということは、もう忘れてしまうんですよ」と暗示をかけて、その人が覚めますね。

そのときに、手をあげるとその人は、どうすると思いますか。そういうことをやった実験があるのです。そうすると、パーッと寄ってきて、困るんですね。それでちょっと私の肩をパッパッとたたいて、「何かゴミがついてますなあ」とか、「先生、ちょっと毛になんとかが」と言って頭をなぜるとかをするんですが、ガツンとはやらない。

暗示に従って、何かやろうという気は起こるのですが、もう覚めてますから、社会的に許容できない、あるいは自分が許容できないことはやらないのです。それにはいろんな実験があって、極端な場合、ピストルで人を撃てと言っても絶対に撃たないです。自分の倫理観にほんとうに反対するようなことは、人間ってやらないです。催眠にかかってるんだけれども、そしてその人の言うとおりに従っているけれども、心の底には、それを見てる存在があるのですね。「そこまではやったら駄目よ」というかね。

でも、初めからそういうふうにやったら、催眠にかかりようがないですね。たとえば僕が、「水が漬《つ》いてきました」と言っても、「ああ、そうですか」て言うだけの話ですね。しかし机の上にのぼったりするんだから、水害なんかの場合は、けっこう暗示に従っているんです。ところが、先ほど言いましたように、自分の倫理観と反対するようになってきたときには、やっぱりちょっと見てる目があるんです。ところが、その目が弱まってしまった人は、催眠から覚めなくなったりして問題が起こってきます。いっぺん水準が下がって、元に返ろうと思っても返れないのです。そういうことが起こります。

この頃、そういうことを指導者がいてグループで体験したりするのがあります。たとえばまず過呼吸をします。「ハッハッ」とやってると、だんだん意識水準が下がってくるんですね。そういうことをやりながら、それにふさわしい音楽をかけて、集団で意識水準が下がるようにすると、いろいろ面白いことが起こるのです。急に、周りにおる人がものすごく素晴らしい人みたいに思えて、握手したり抱きついたり、誰にも言ってない話をして泣いたりとかする。時には空を翔《と》ぶ旅をしたり、そのような経験の後で、指導者が「はい、戻ってきましたよ」といって、元に戻るというときに、戻らん人がいるんですね。で、その場合は大変なんですね。一種の精神病状態ですから。

僕は、こういうことをやったことはありませんが、そういうことをよくやってる指導者に「元に戻らん人いうのは、どんな人ですか」と聞いたら、「普通はどんなに意識水準を下げても、なんかそれを外から見てる目がある。その目がない人はあぶない」と言ってました。面白いですねえ。人間というのは、ものすごく意識水準が下がっているのに、なんか、それとは別に見てる目があるというのは非常に不思議なことです。

そういうふうに考えたら、村上春樹さんのこの小説なんていうのも、浅井マリさんの内界で、いろいろ起こってくることが書かれているのですが、それを浅井マリさんの目で見てるだけじゃなくて、何か違う目でも見てるというように思うと、すごく面白い。そういうことが書かれてると、思いながら僕は読んでいました。

そうしますと、いろんな事件が起こるんですね。そこへ、高橋という男の人がやってきて、いろいろ喋ったりなんかします。これはまあ、言ってみれば、マリさんの心の中の内界で起こってることと思ってよろしいです。で、そのうちに、近所のところで中国人の女性が、日本の男性といわば売春行為をしているときにムチャクチャやられて、非常にかわいそうな状態になるんです。物を盗《と》られたり、傷つけられたりして困ってるというので、このマリさんが中国語ができるもんだから、高橋さんというのがそれを知ってて、それをなんとか助けてやろうというので助けに行ったりしますね。

そうすると、その中国人の女性が困っているというので助けに行くところというのは、これはマリさんがよく知ってるんですが、ここに白川というヘンテコな男がいて、メチャクチャするところがあります。このことは、彼女は知らないわけです。つまり、自分の無意識の世界の中で、自分もあんまりわかってない、自分の知らない世界と、自分の知ってる世界がある。

たとえば、ここでも同じことがいえるのです。私がここにいて、いま、ここにおられる人のことはある程度見て知ってるわけだけれども、さっき言いましたね、どこかで戦争が行われているとか、どこかで人が死んでいるとか、餓死している人がいるとか、そういったことは僕は直接には知らない。知らないんだけど、ほんとうはそういうことの全部、全部が呼応して、私という人間を生かしてくれているのです。私が私であるように、あるいは私という人間が成長するといってもいいんでしょうか、私という人間が生きていくように、全世界が共鳴して、私という人間を生かしてくれているんじゃないのかなと僕は思ってるんですけど。ただ、残念ながら人間である悲しさで、自分の周囲のことしかわかりません。わかりませんけど、自分一人の人間を生かすために、世界でいろいろなことが起こっていると、考えてみるのもいいのじゃないでしょうか。

村上さんの小説を読んでいると、そういう感じを受けることが多いですね。なんか、途方もない話がいっぱい出てくるみたいに思うけど、一人の人間が生きていくことは、ほんとうに大変なことなんだということがわかる。そして、私流に言わせると、私の臨床心理の仕事からいうと、一人の人間が変わるということは、ほんとうに大変なことなんです。

私のところへ来る方は、何らかの意味で変わりたいと思ってる人が多いですね。たとえばノイローゼの人であれば、ノイローゼが治ってほしいと思って来ておられますね。あるいは、学校へ行ってない子でも、「自分は学校へ行きたいんや」と思って来てる。何か、変わりたいと思ってる。

ところが、これが簡単でないことはわかりますね。たとえばシンナーを吸ってる子に「もうシンナー、やめとけよ」と言うと「はい」、「体に悪いからやめなさいよ」と言うと「はい、やめます」と言うけれど、外へ出たら、もう吸うてますよね。皆さんだって、そう思いませんか。なかなか自分は変わらないと思いませんか。自分が簡単に変われるんやったら、もっとマシな人間になってるでしょう? ねえ(笑)。なんぼ説教しても駄目ですね。自分に、「あなた、しっかりして。朝一時間早く起きてフランス語でもやったらどう?」とか言うても、「はあ?」と言うだけでやらないし、もしもやったら大変なことが起こりますね。私なんか、朝一時間早く起きてフランス語をやりだしたら、おそらく家族に当り散らすと思いますよ。「おまえらも、早く起きろ!」とか、「何をボヤボヤしてる!」とか。やっぱり自分が無理してるから、無理してる分だけ人に当たりたくなる。

ですから、そんなふうにならずに、「そしたら私が変わろう」というのはすごいことなんです。だから、ここでいうと、浅井マリさんという一九歳の女の子が、前よりも少し成長しようと思うことは、言うならば世界中が変わらないイカンぐらい難しいことだ。僕は、いつもそう思って人にお会いしてます。来られた人が、「こうしたい」「こうなりたい」と言われたときに、それをするのがどんなに大変か。もうときどきは、あんまり大変だからお断りすることさえあります。「そんな大変なこと、やめたらどうですか」って（笑）。

たとえば、ある芸術家の方で、幻聴が聞こえる人がいました。幻聴というのは声が聞こえてくるわけですから、内界から声が聞こえるわけですね。そうすると、自分が芸術に関する仕事をしていても、声が聞こえだすとどうしても能率が上がらない。「あの声が聞こえなくなったら、どんなにいいだろう」と思って、来られたんです。私は、お話をずっと聞いていて、最後にどう言ったかというと、「声が聴こえなくするようにするのは大変ですよ。ものすごく大変ですよ。そんな大変なことをするぐらいやったら、声を聴きながらご自分の芸術の仕事をやられたらどうですか」と言ったんです。声が聴こえてくるということは、言うならば疲れてるということやから、そういうときは無理して何もせんと寝たらいいと。そういうときはひと休みにして、楽になったところでまたがんばってみる。声が聴こえてきたら、「ああ、ちょっとやめようか」というふうにされたらいいのと違いますかと。

それより、その声をなくそうなんていうほうにあなたが努力される——それは僕も一生懸命、お手伝いできるかもしらんけど、声をなくすほうにものすごいエネルギーを使ったら、あなたは自分の芸術をするエネルギーが少なくなるでしょう。それでもいいんですか、と。「それでも声が聴こえないための努力をやりますか。あるいは、声はちょっとぐらい聴こえててもエエから、このまま上手に声と一緒に生きようというふうにするのか、一週間、考えてみてください」と言った方がいます。その方は、一週間考えられて、「先生の言われたこと、よくわかりました。自分は、声が聴こえてきたら、その声とつきあいながらやっていきたいと思います」と言われました。

その人が、聴こえてくる声を聴こえなくしようとするのは、言うならば、全世界を変えてしまうようなものですからね、すっごいエネルギーが必要ですよね。それほど、変わるということは大変なことです。

ここで作品の方に戻りますと、そこに出てくるマリさんの姉さんのエリさんというのは、眠ってばかりいるんです。しかし、大変なことが起こっています。その部屋にあるテレビには椅子《いす》に坐《すわ》った「顔のない男」が映っています。時間の経過とともに浅井エリの体はベッドを抜け出してテレビの中に入ってしまい、それを「顔のない男」が見ています。つまり、浅井エリは「あちら」の世界に連れ込まれているのです。このようなことはマリさんはぜんぜん知らないことです。エリさんはひょっとしたら、もうあっちの世界に連れ込まれていくかもわからない。それはどういうことかというと、マリさんの世界の、非常に深いところで、自分では意識していないけれども、もうあちらに引かれかかっているようなところがあるのだというふうに考えられるのじゃないでしょうか。

それは、「いや、マリさんの外界でエリさんが、いまそういう状態にあるのだ。このエリさんを、マリさんがなんとかして救えないかと頑張っている」というふうに言ってもいいし、それは、僕は同じことだと思ってます。わかりますか（笑）。

外界で、マリさんがエリさんに対して何かしてあげるということと、マリさんの心の中で、エリさんで表わされるような部分が、どこかすごい深い世界に引き込まれて、死の世界に近づくようなのを、なんとか自分のものにしたいと思っていることとは、外界と内界と言ってもいいのですが、一般の人が思うよりははるかに呼応しているのではないかなと、私は思っています。

だから、私のところへ来て、夢の分析を受ける人は夢のことばかり話をしているうちにスッと治るというのではなくて、夢のことを話しているうちに、必ず何か、外界でしなくちゃならないようになります。また逆に、自分の外界のことで、「あの人とうまいことやっていこう」とか、「ここで金儲《かねもう》けしよう」とかなんとか言って、努力してるような人も、内界のことと呼応していることがすごく多いです。

　そういうふうに考えて、この『アフターダーク』を見ると、この中には、マリさんの経験したこととマリさんも知らない事柄の両方が書かれています。これを心の深みと関連して考えると、前者はマリさんの心の深みでもまだ意識に近い層であり、後者は心の底のもっと深い、マリさんにとってまず意識することのできない層で起こっていることと考えることができます。中国人の女の人が傷ついて、これを治してあげるんだというようなところは、マリさんが、たとえばあまりにも美人の姉さんがおったんで傷ついたこととか、そういうふうなことと関係あるだろうけど、エリさんという人が何か、あちらの世界に見込まれてあちらの世界に行きかかってるようなことは、マリさんの心の深い、深い世界で起こっていることなんだというふうに考えてこれを読むと、よくわかる気がします。

　したがって、白川という男性が出てきて、コンピュータか何かやっていて、すごく知的で、パッパッパと割り切ってやってるけど、感情というのがほとんどない。だから、急に爆発して、中国人の女の人を傷つけたり、金を盗ったり、ムチャクチャするんです。で、ムチャクチャしておきながら、その後は「それはそれ」で平気で仕事をしている。「そんなバカな！」と言うけど、そういう人物だって、この女性の深い、深い世界には棲《す》んでいるんだと。しかし、あまりに深いので、マリさんはまだ知らないけれども、そういうのもいるんじゃないだろうかというふうに思うと、これ、了解できると思うんです。

そう考えていくと、この『アフターダーク』に順番に書いてある世界というのは、マリさんの無意識の世界の、浅い部分からずーっと深い世界までであって、ずっとずっと深い世界で、もう危ない死に近いようなところがエリさんの姿で出てきてるわけですね。やはり、一人の人間が生きているというか、一人の人間が成長していくということは、ほんとうに大変なことなのだと思います。そういうふうに考えてみていくと、この本は、いろんなことが書いてあるようだけど、一九歳の女の人のこと、その内界のことが書いてあるんだというふうに読んでもいいし、それからまた、「いやいや、一九歳の女性を取り巻くいろんな面白いことが書いてあるんだ」と読んでもいい。どっちも、私は等しいと思って読んでるんですね。

そして、どうなっていくかというと、そういう体験をしながら、結局、エリさんという人は昏々と眠っているんですが、そこへマリさんが帰ってきて、最後のところで、自分は、姉さんは美人で冷たいばかりだと思っているのに、姉さんが自分を抱いてくれたこととかを思い出します。そのことを思い出して、冷たいと思っていた姉さんをマリさんが抱きしめて、抱きしめたら動かないと思っていたエリさんが動き始めた、というふうなところで話は終わりになりますが、これはほんとうに感動的で、さっきから言ってるように、マリさんという人が成長してゆくためには、自分の心の中でほとんど感動しない、動かない、そういうものを抱きしめて、「自分のものだ」「自分と親しいんだ」と言って抱きしめることによってはじめて、癒《いや》されるのです。そういう感じがすごく出ていたと思います。

僕は、この本の評論を書いてもいるんですが、そのときに、一つのキーワードみたいにして使ったのが、デタッチメント（detachment）とコミットメント（commitment）ということばです。デタッチメントというのは離すという意味で、「俺は関係ないよ」という態度のことですね。コミットメントというのは逆にものすごくかかわること、なんとかかかわっていくということですね。マリさんという女性が、自分の心の中を癒していくあいだに、「美人のお姉さん、冷たい姉さんみたいなもん、ほっとけ！」と思っていたのが、とうとう、最後には抱きしめることになる。「私の姉さんなんだから」、自分の体で抱きしめたいと、まさにコミットする。デタッチメントからコミットメントへ変わっていく、そういう話というふうに読めるわけです。

このデタッチメントとコミットメントというのは、皆さん、もう読まれた人が多いかもしれませんが、実は、『村上春樹、河合隼雄に会いにいく』（新潮文庫）という、非常に面白い題の本があるんです。村上春樹さんというのは、普通はなかなか対談というのをされない方なんです。対談を申し込まれても、だいたい断られるんです。そうすると、「おまえは対談は断ると言うとるのに、なんで河合とだけ対談したんだ？」と言われると困るので、「あれは対談やない」と。村上春樹が河合隼雄に会いに行ったんだということで、「いい題を思いついた」と村上さんが言われて、ああいう題になったんですけれども、なかなか面白い本で、これも推薦したい本です。あまり評判がよかったので、次は『村上春樹、河合隼雄と本を売りにいく』いうのを書こうかなと思ってます（笑）。

その中で、村上さんがデタッチメントとコミットメントのことを言ってるんです。特にいまの若い人たちはよくわかると思うんですが、かつての学生運動のときっていうのは、皆、コミットしたんですね。「なんとかして、頑張って日本を変えたい」、あるいは、日本を変えられないにしても、せめて日本の大学を変えたい、あるいは日本の教授どもを変えてみたいと思って、この中にもおられると思いますが、ずいぶん頑張った人たちがいましたね。ところが残念ながら、何も、ほとんど変わりませんでしたね。大学の建物は変わったかもしれませんが、教授も、大学もなかなか変わらない。今は国立大学も独立行政法人になり、大分変わりつつありますが、これはまた別の話です。

当時わかってきたことは、一つのイデオロギーを信じても、「イデオロギーで世の中がよくなる」なんていうことはないということでした。いちばん大きい実験は共産主義ですね。共産主義というイデオロギーでやれば、バラ色の世界、理想の社会がつくれると思っていたのに、ぜんぜんできなかった。それどころか逆のことになってしまって、いまはご存じのように、それは崩壊してしまったわけです。

だから、イデオロギーで頑張ったところで、どうにもならないのなら、まあ、好きなようにするわ、勝手にしやがれ、と。それはデタッチメントですね。だから、デタッチメントの強くなってきた学生さんは、「人のことは放っておけ、俺は好きなことするから」ということになる。もうちょっとデタッチしてくると、「俺は、一人で引きこもってるわ」ということになるわけです。で、引きこもってる人と話をすると、ほんとうにそう言いますね。「あんた、引きこもってなんかいないで、大学へ行ったらどう？」と聞くと、「大学へ行って、何になるんですか」と。言われると、あんまり何もならんような気がしてきますね。それでも、「せめて卒業だけでも」というと、

「卒業してどうするんですか」。「就職は……」「就職って、何ですか」ってな具合です。でもこういうふうに言うていったらすべてつまらんように思えてくるでしょう？

だから、デタッチメントなんていうのにバッと取りつかれたら、何にもする気がしなくなってくる。しかし、下手にコミットするとケガするだけ。そうですね。学生時代に頑張った人で、後々まで、深く傷ついた人がたくさんいます。傷ついたり、ひどい場合は犯罪者にされたり、不幸なことばっかりあって、何も得なことがない。だからまあ、デタッチしとこう。そして、そのときに引きこもってしまってもしょうがないけど、適当に、なるべく他人と関係がないようにしよう。そう思って生きてる人が多いんですね。しかしそれでは人生、面白くない。何か勝手なことをすると言ったって、皆と離れて住んでおるのでは意味がない。さっき言いましたように、ほんとうに生きているというのは、やっぱり人とのかかわりがないと駄目でしょう。

だから、いっぺんイデオロギーでコミットして、「いや、こら駄目や！」というんでデタッチしたんだけれど、もういっぺん、ほんとうにコミットしないと人生面白くないとなったときに、村上さんの言ってることはすごく面白いんですね。村上さんが、その『河合隼雄に会いにいく』の中でどんな言い方をしたかっていうと、村上さんの言葉です。

「井戸を掘って、掘って、掘っていくと、そこでまったくつながるはずのない壁を越えてつながる、というコミットメントのありように僕は非常に惹《ひ》かれるのだと思うのです」

これは、『ねじまき鳥クロニクル』（新潮文庫）という本の中で、井戸の中にこもる男性がいるわけですが、「井戸」にこもる、つまり、心の底の扉を開いて、底へ入っていく。面白いですね、井戸はidに通じますね。イドはラテン語で、ドイツ語で言うと「エス」です。〝それ〟です。だから、「井戸を掘って、掘って」というのは、「無意識を掘って、掘って」〝それ〟の世界に入ってゆくのです。

だから、コミットメントというときに、「あ、この人、気の毒やからなんとかしてあげよう」とか、そういうのではなくて、自分の心の井戸を深く、深く、掘っていく。そうすると、つながるはずのないものがつながってくる。「壁を越えてつながる」とは面白い言い方ですね。これはどういうことかというと、たとえば中国人の女の人がケガをした、あるいは非常に不幸になったというときに、「そんなの、私と関係ないわ」と言うとそれでおしまいです。ところが、自分の心の底を掘ってゆくことによってそれは自分と関係のあることになるのです。

それから、「姉さん、勝手に寝てなさいよ」というのではなくて、姉の眠りが、自分とすごい深いつながりをもってくる。そういうつながりをもつようコミットするということが、どんなに大事なことかということが書かれていて、その結果として、お姉さんも癒されていくし、先ほど言いましたように、マリさんの心の深いところでも癒しが起こってくる。

しかし、それが起こるためには、いろんなことがないと駄目ですね。この一冊に書かれているようなことが、全部起こって、最後に癒されるのですね。いま世の中には「癒し系」なんていう言葉がありますが、簡単に癒しが起こると思っている人たちがいるんですね。「この音楽、聴いたら癒されます」とか、「これを食べたら癒されます」といった感じで癒しが語られています。でも、そんなんで癒されるようなのは、たいしたことない。だから、「いやしはいやしい」なんていう人さえいるんですが、まあ、そういう癒しがあってもいいです。浅い癒しもけっこうです。しかし、ほんとうに深くなってくると、そんなことではなくて、ものすごいことが起こらねばならない。もっとも、音楽を聴き、食事をするということで相当なことが起こることもあるので、こういうことは一概に言えない難しさがありますが。

僕はこれをこのように読んで面白かったわけですが、「河合さん、『アフターダーク』はおもしろいけど、どうもすっきりせんわ」と言う人もあります。なぜすっきりしないのかと聞くと、「あの白川は、いったいどうなったんや？」と（笑）。「あれほど悪いことをして、家へ帰ってスッスッとやって、平穏無事に生きているやないか」と言うのです。あとは何も書いてないでしょう？　マリさんと、エリさんのところへグーッと話が集中していくけども、この本は、完結していないというわけです。せっかく、白川っていうやつを出してきたのに、白川がどうなったかが書いてないんだから、これは完結していないんじゃないかというふうに言った人がいます。

この本を読んでそういうことを思った人、いませんか？　なんか、ものたりないというか、「白川もどっかでやっつけられへんかなぁ」とかね（笑）。「あれも、自動車に轢《ひ》かれたりしたらエエのに」とか、思いませんでした？　それがそういうことは何も書いてないんですよ。白川だけじゃなく、ほかにもなんか、どこか話が完結してないなあという感じがありますね。私は逆に、それがうまいなあと思うんです。それが書いてないところが。

なぜかというと、われわれの心の中で起こっているいろんなことというのは、そう簡単には解決しないんですよ。解決しないままで置かれていることというのは、すっごくたくさんあるんです。その中で、何かがときどきうまく解決していくんで、僕の心の中のいろんな問題は、たくさん未決のままに存在しているのです。特にああいう、感情がものすごく冷くて、知的にパパパッと行動してしまうような生き方というのをどうするか。白川とどう付き合うのか。「白川をあなたは愛することができますか」なんていうのは大変な問題で、そういうものがいろいろまだ未解決のままで、心の中にたくさん、たくさんある。それが無意識というものだ、というふうに考えますと、僕は、これはむしろすごく的確に書いてあると思いますね。

そしたらね、「何を言うとンねん。これはお話やないか。お話を作っとんのやから、皆を満足させるために、最後にちょっと白川を交通事故にでも遭わせといたらどうやろ」と言う人がいるかもしれない（笑）。マリがエリを抱きしめて、だんだん動いてきだした。朝刊を開いたら、「白川氏交通事故で死ぬ」という記事が載っていました、終わり、なんていうといいんじゃないかなんて思う人がいます。しかし、これがものすごく不思議なことでして、そんなのは頭で考えたらいくらでもできるけれど、頭で考えてつくった作品というのはつまらない。皆、「やっぱりこれ、おかしいわ」となる。「そんな甘いもんやない」と、やっぱり思うんです。

村上さんの無意識の中から出てきた話というのは、迫力があるんです。そのときに、頭で考えて単純にお話ができて、納得ができるのを、それでも面白おかしく、人を惹きつけながら、ある程度読ませるのは、エンターテインメントとか、昔から三文小説とかいわれるものです。私は子どものときにそういう三文小説といわれたり、エンターテインメントといわれるものを、涙流して読んでましたね。それはなぜかというと、そういうのでも、子ども心には感激できるんです。というのは、まだ現実というものを知らないから、やっぱり悪いやつをやっつけて、いいモンが成功したというのを「よかった」とか思うんですね。

そういうのを僕は、「つくり話」と呼びます。そして、作り話の非常に上手な方もおられます。作り話が上手なだけじゃなくて、お金つくりまで上手な方もいます。たくさん売れますから。でも、そんなんではない、やっぱり心の底に動いているものを書き、動かないのは書かないということでいくと、白川の話は未解決。このへんが、実をいうと、すごい難しい問題です。

どうですか。昔話なんか、日本のはともかくとして、ヨーロッパの昔話というのは、「めでたし、めでたし」が多いと思いませんか。だいたい悪いやつはやられるし、『シンデレラ』でもそうでしょう? 苦労するけど、最後はシンデレラが結婚して「めでたし、めでたし」となるし、『白雪姫』でもそうですね。だから、「あんなの子ども騙《だま》しや」「単純すぎて駄目だ」という人がいますけど、案外そうでもない。昔話も結構意味があります。

そうすると、いったいそのあたりのことがどうなっているのかというのが、物語というものの非常に不思議で面白いところです。というのは、われわれの内的な世界ということを言ってますが、外的な世界でもそうでしょう。先ほど言いましたように、「どうせ駄目じゃないか、頑張ってもうまいこといかないのだから」とか、あるいは、「ちょっとぐらい努力したって、何もうまくいかないのだから」とばっかり言っていたら、何もできなくなりますね。つまり、ニヒリズムになってしまって、全部「駄目、駄目」になる。

ところが、われわれはそれでもいろいろと元気だしてやってられるのは、自分のすることが、ちょっとでも人の役に立つんじゃないだろうかとか、このことをしたら、ちょっとは何かになるんじゃないだろうかとか、そういう期待や理想というのをもってるからです。

理想が何もなかったら、何もする気が起こらないですし、理想がないところではコミットメントは起こらない。「これ、やろう!」というのは、やっぱり理想があるからですよ。そして、理想があるからコミットするんだというけど、理想は常に現実化されるというわけではない。簡単に現実化されるはずがない。また、そうだったら理想とはいえない。しかし、簡単に現実化されないから、理想などは要らんというのも単純ですね。

物語でも難しいですね。ある程度ハッピーエンドの物語があるから、皆のやる気が起こってくる。ヨーロッパの昔話を読んで、多くの人が、とにかく結婚したらいいという理想に燃えて、結婚するとか、子どもをつくるとか、いろいろできるんですね。

そういうふうに考えると、内界にも外界にも理想がうごめいているわけで、それをどの程度物語にするかというのは、すごい難しい話です。そこはやはり、安易にやってしまうと駄目だし、といって、さっきから何度も言ってますが、何もかも、駄目だ、駄目だと否定するのも困る。

昔話は、わりと単純な話なのに、なんであれが残るのかというと、あれは単純化されているけれども、心の非常に深いところとつながっていて、長ーい歴史の中で洗練されて残ってきているだけに、単純そうに見えながら、深いところとかかわりがあるんだと、私は思っています。だから、私は昔話がすごく好きですね。今回は、ほとんど昔話の話はいたしませんが、私は昔話だけで、たくさん本を書いてきたことは、皆さんご存じだと思います。物語の完結のさせ方というか、終わりにもっていく、そのもっていきかたというのは、作家として非常に難しいところだろうと思います。難しいけれども、村上さんは、自分の無意識の中から出てきたものを書くという書き方でやっておられるから、結果的に非常にうまくいっているのではないかというふうに思います。

2

これで、『アフターダーク』の話は終わりにして、次に、遠藤周作さんの『スキャンダル』という本について述べます。これは、文庫本になっていて、その解説みたいなところを僕が書いています。「たましいへの通路としてのスキャンダル」という題ですが、要するに、自分の深い、深い、魂とでも呼べるような世界へいこうと思うと、その通路というのは、スキャンダルに満ちているということです。なかなか、きれいな道ばかり通ってはいけない。人間というのは、ものすごく難しい。遠藤さんも、そのことをずいぶん問題にして、ずっと書いてこられた方だと思います。自分の心の中にある暗い世界、恐ろしい世界というものを問題にしてこられたと思います。

この本にも何度も書いておられますが、遠藤さんが考えたことは、自分の世界へ入っていくと、非常に暗い、あるいは恐ろしい、いろんな嫌なことが必ずあると。これは人によって表現が異なるかと思いますが、これを遠藤さんの言葉でいいますと、それは人間にとっての罪ということである。つまり、嘘をつくとかの罪。だから、罪深き人間といいますか、遠藤さんは、この罪深い自分はいったいどうなるんだろう、あるいは罪深い人間というのはいったいどう生きるべきだろうということを、小説のなかで追求していって、わかってきたことは、罪ということを介して、人間は再生することができるということです。いうなれば、罪の中に光があるということがだんだんわかってきた。

そういうテーマは、これまで書かれたものに非常に多いですね。罪といわなくても、無駄なことといってもいいかもしれない。それをやり続けているうちに、たとえば『侍』（新潮文庫）という作品もそうですけど、最後に神を見出《みいだ》すというか、光を見出すのです。だから、人間はいろいろな罪を犯すのだけれども、結局そこから再生して光がある、という考えで遠藤さんは作品を書いてこられた。しかし、罪そのものというか、悪いだけだ！　というものもあるんじゃないか。それを、遠藤さんは、「悪」と表現しておられます。

これは人によって言い方は違うんですが、私が言いたいことは、悪と呼ぶにしろ、罪と呼ぶにしろ、悪いことのように見えるけど、結局はそこから光が見えてきて再生に至る道と、どこまでいっても暗いばっかりでどこへいっても仕方がない、そういう世界があるんじゃないか、ということなんです。これが、特に遠藤さんが晩年、非常に関心をもっておられたことで、私と対談したときにも、そのことをよく言っておられました。

『スキャンダル』では、そのことに挑戦しようとされたんですね。そして、なかなか面白いのは、主人公は勝呂《すぐろ》という小説家で、いかにも遠藤さんをそのまま表わしているような人物設定になっているのです。その人物は、クリスチャンで、クリスチャン的な物語を書いている。しかも「罪」ということを書いているようだけれども、実は罪から光がもたらされるということを書いて、エライ喜んでいるんです。ところが、勝呂は、「おまえ、ほんとうは、もっとムチャクチャじゃないのか」ということをずっと自問するんですね。

その勝呂という小説家が賞をもらって、喜んでいて、祝賀会でフッと見たら自分の顔が見えるんですね。しかも、イヤラシイ顔をしていて、「あっ！」と思うんです。で、それだけではなくて、どうも勝呂という人間は、知らん間に歌舞伎町《かぶきちょう》に出入りして、変なことをいっぱいやってるというような噂《うわさ》が出てきたり、実際に勝呂に会ったと言う人さえが出てくるのです。

そうするとここで、われわれのような臨床心理学の勉強をしているものだったら、先回もちょっと言ったと思いますが、そういう状態で出てくるのは、ドストエフスキーの二重身。この二重身は、自己像幻視ともいわれるんです。自分の姿を幻に見るんですね。そういうのと、二重人格とどちらだろうと思う。

二重人格というのは、たとえば勝呂という小説家は、ちゃんと清らかに生きてるんだけど、知らん間に悪い第二の人格ができて、第一人格の知らんあいだに歌舞伎町へ行って、いっぱい悪いことをしている。で、そこで変なことをいろいろやってるんだけど、第一人格に戻ると忘れてしまう。そうすると、「おまえは行っとった」「いや、私はぜんぜんそんな覚えがありません」と言うけれど、第二人格になったときには行ってるんですね。これ、皆さん不思議に思うでしょうが、ほんとうにそういう人はおられます。私たち臨床家は会ってるから知ってるわけですけど、ほんとにびっくりします。

そういう人の一人で、私のところへ来た人が言っておられましたけど、自分にはぜんぜん覚えがないのに、体に打ち身があって、朝起きるとものすごく痛い。寝てるあいだに何が起こったのかと思うというので相談に来られた人があります。夜に第二人格になったときにいろいろなことをやって、それこそ喧嘩《けんか》したり、どこかでバーンと打ったりしてケガをしてます。しかし、自分はわからない？ 自分の意識するところでは、「私は何もしてないのに、夜中のうちに傷ができるのはどうしてでしょう?」なんていう人なんです。「へぇー」と聞いてるうちに、実は二重人格ということがわかってくるわけですね。もう一人の自分がいて、メチャクチャやってるんです。その二つを一つにして、一人の人間になってもらうということを、われわれはしていくわけです。

そういう二重人格と違って、「別に二重人格でないんだけれど、もう一人の私が見える」というのがあるんですね。ドストエフスキーのときに言いました自己像幻視です。

それからもう一つ、面白い現象として、こんなものがあるんか? と思いますけど、たとえばここで皆が催眠にかかったようになるとします。そこで僕が、パッと窓を開けて、たとえば皆がよく知ってる俳優のAさんという人がいるとして「あっ、Aさんが来た」って言うんですね。すると、「なによあれは」と皆がその姿を見る、というような現象があります。それは全部幻覚だ、ということが起こり得るんです。つまり幻覚体験を集団でするのです。そんなこと、めったに起こらんと思うでしょうけど、起こり得るんですね。

これが比較的よく生じるのは、ある種の宗教団体です。宗教団体で、皆が、神さんの姿をパッと見たりとか、誰かが空を翔ぶのを見たりとか、あれは、ヒステリー性の集団幻視です。そうすると、たとえばこういうことが起こるんですね。「勝呂というやつは、ほんとは悪いやつなんや」ということを歌舞伎町で言っておいて、誰かが「勝呂、いるやないか」と言ったら、皆に、バッと勝呂が見えるときがあるんです。実際はいないんですよ。いないけど、そこにいた人が皆、「見た」「見た」「見た」と言うわけね。そういう不思議な現象がありうるんです。皆さん、簡単にあってもろうたら困りますけどね（笑）。

二重身とか、二重人格とか、ヒステリー性集団幻視とか、単に悪意で嘘の情報を流しているとかこういうのが、この『スキャンダル』の中に出てきて、いったいどれがどれかがわからなくなってくるんです。そこが僕は、むしろ非常に巧妙だと思ってるんです。

つまり、「この本は、勝呂の二重身の話を書いたものだ」とか、「いや、これは勝呂の二重人格の話が書いてあるんだ」とか、「いやいや、勝呂を取り巻く連中のヒステリー性集団幻視の話が書いてあるんだ」とか、ほんとうは勝呂が悪いことをしているのだということが、言い切れないんです。どれかであるような、どれでもないような書き方を、ものすごく上手にしておられる。そして僕は、この解説にも書いたんだけど、こういう本がほんとうのミステリーだと。つまり、ほんとうに答えがわからんのがミステリーやないかと、そう思いませんか？　だから、僕はミステリー小説というのに腹が立ってしょうがないんですよ。犯人がぴったりわかって、全部説明がついて、「ああ、わかった。わかった」って。わかったら、何もミステリーやないでしょう？「わかり小説」とかなんとか言えばいいんで（笑）。

これは、そういう意味でほんとうのミステリーだということです。人間の深い、深いところへ降りていくと、悪という世界がある。大変な世界があるけれども、それは「こうだ」とは言えない。「やっぱりこうだったんだ！」とか、「それはこうなるんだ」とか、「いや、それはどうせ光になるんだから」というふうに、簡単に言えない、すごい世界なんです。しかし、その中でも光に包まれるところが最後のほうに出てきまして、何かやっぱり、人間の存在というものが、深い世界で光に包まれるという体験は、あるのではないかということが書いてあります。書いてありますけれども、悪の問題を追求していくと、悪というものが、結局は光になるというふうな、そんな単純には考えられないし、人間はこのようにすれば光に包まれるなどということも言うことが出来ない、と深い省察をもって書かれた本だと思います。

この『スキャンダル』の中に書いてあるように、聖人のようだといわれている人でも、心の底にはいろいろなことがある。しかし、だからといって、よく言われるように、「あれは聖人とか言われてるけれども、心の底には変なところがあるので駄目だ」と、そう簡単には言えないと。そうしたら、それを全体としてどう見るかとなってきたときに、そこで「こうだ」といえるような答えを探すほうがおかしいんじゃないか、人間存在そのものがミステリーなんだから、というように読んだほうがいいんじゃないかな、というふうに僕は思いました。

3

それでは次に挙げました山口昌男さんの『道化の民俗学』を取りあげましょう。実は、私はユング研究所というところでいろいろ勉強して、一九六五年に日本に帰ってきたんです。ところが、自分が勉強してきたことを、日本でどういうふうに伝えようかというときに、すごく困りました。というのは、当時はうっかり昔話の話とかをすると、「あんな子どもだましのようなことを言って。あれは科学的でない」とか、神話の話なんかすると、「あれは右翼や」と言われるだろうし、ユング研究所で学んできたことは、すっごい面白いことがいっぱいあったんですけども、それをなかなか皆に伝えにくい。ただ、あの頃京都大学に非常勤講師で行ってたんですけれども、学生たちに教えながら、カウンセリングをする際に、実際にクライエントに会ってどういうふうにしたほうがいいとか、実際にこうやっているとどうなっていくとか、そういう臨床心理の実際の話をすれば、皆、非常に役に立つので喜んでくれたんですけれども、自分がほんとうに学んできたことを、どういうふうに日本人に伝えたらいいのかとなると、その伝え方がむずかしい。特に、心理学の世界では、ほとんど発言できないくらいです。心理学の世界では、この前も言いましたが、いわゆる「科学的な」考え方が非常に強いですから、そんなところできょうしゃべったような話をしたって絶対に通じません。どうしようかなと思ってたんですね。

そしたら、私が考えているのと似たようなことを考えているだけじゃなくて、しっかりと書いて、発表している人たちがいるということがわかった。その一人が、山口昌男さんです。その他にもいろいろおられるんですが、こういう人を私に紹介してくださったのは、前の岩波書店の社長だった大塚信一さんです。

大塚さんが、まだ若い編集者の頃、私に『コンプレックス』という本を書けと言いに来られて、あのとき、びっくりしましたね。まだ私は、天理大学で教えてたんです。当時の私は、心理学者とすれば三流か四流で、はなしにならんと皆が思ってたはずなんですが、しかも岩波新書を書けという話でしょう。私はびっくりして、「岩波なんていうのは、僕らは読むばっかりで、自分が書くとは思っていません」て言うたら、「いやいや、書いていただいたらいいんです」と言うことで書いたんが『コンプレックス』だったんです。

そのときに大塚さんが言われたんです。「河合さんは孤立してるんじゃなくて、むしろ心理学以外の世界ではそういうことを考えている人がいるんです。たとえば山口昌男さんがそうです」と。それから、もう亡《な》くなられましたけど、由良君美《ゆらきみよし》という東大の教授をしておられた方。そういう方たちを紹介してもらいました。

この山口昌男さんが、一九六九年に、道化のことを岩波の『文学』という雑誌に連載しておられまして、毎回、ものすごくおもしろいので、喜んで読んでおりました。全部切り抜いて、まとめて一冊の本にしたのを覚えているぐらいです。

山口さんも、実をいうと大塚さんにすすめられてこういうことを書き始めたわけですが、自分の心の深みに降りていくときに、さっきいいました悪といいますか、闇といいますか、恐ろしい世界というのは一つの大事なキーワードでして、このときに非常に大事な役割、意味をもってくるのが道化なのです。それで、山口さんは、道化のことを書かれたわけです。

僕は、ユング研究所で、こういうことを学んで知ってたわけですが、深層心理学の世界でユングがその意味を強調していたのが、トリックスター（trickster）ということでした。トリックスターというのは、日本の皆が知っている例でいうと、「彦一さん」とか、「きっちょむさん」とかいうのがそうです。ヒョッとトリックしたり、悪いことしたりするけど、一種のスターでしょ。うまいことごまかしたりしながら、皆が喜ぶことをパッとやってしまう。ああいうのがトリックスターですが、このトリックスターというのは、調べてみると、世界中のお話にあるんですね。

ユング研究所でアフリカのトリックスターとか、そういう話を聞いて学んだのです。簡単に言うと、私の意識の世界というものは、いうならば一つの体系というか、一つの秩序というものをもっています。秩序がなくて、メチャクチャでは困りますね。たとえば、誰かが僕に何かものを頼んだときに、「それは嫌いですからやめます」と言って、あくる日に「好きですからやります」なんて言うと、「あれは何や?」ということになりますね。私は、こういうことが好きで、こういうことが嫌いですというのをちゃんと体系だってもっているから、河合という人間は一人の人間だと、皆が信頼してくれるわけです。また、あまり矛盾したことも言えないわけであって、そういう意味で私という人間は一つの〝まとまり〟をもっている。言うならば、私の意識の世界は一つの王国みたいなもんなんですね。

ところが、このまとまっている自我という世界だけで完結しているんじゃなくて、もっと深い世界がある。この深い世界へ降りていくときに、道化とか、トリックスターというのがすごい大事だということを、僕らは臨床心理学の問題として学んでいたのです。そしてまた、実際に夢の中にトリックスターはよく出てきます。夢の中で、こんな悪いやつとか、こんな変わったことをするやつと思っていると、案外それに意味があって、それでその人が変わっていくという体験をするのです。

だから、われわれがユング研究所で勉強してるときには、文化人類学者の人もよく来ました。皆がよく知っているレヴィ＝ストロースも、講演に来ました。その頃は彼がそんな名高い人になると思ってなかったから、ただ黙って話を聞いてましたけどね。

そこでトリックスターが大切になってきますが、たとえばさっきの『スキャンダル』でいいますと、勝呂という主人公が、しっかりやってるのに小針というやつが出てきて、何かチャカチャカやる。あれがトリックスターですね。何か勝呂に変なところがあるんじゃないか、悪いところがあるらしいとつきまとってくる。かき回したり、悪いことをしてるようだけれども、勝呂の自己認識が深まるということでそれがプラスの意味をもつときがある。それが、いま言いましたように、プラスのほうで出てくるのがきっちょむさんのような人です。

たとえば、これは高知県のトリックスター、大作さんの話だったと思いますが、仏《ぶっ》法僧《ぽうそう》なんていう話があります。こんな話です。

殿さんに、大作さんがお城から遠い山奥でブッポウソウ（仏法僧）の鳴くのが聞こえると話します。ご存じですね、ブッポウソウという珍しい鳥。殿様が、「ぜひそれを聞きたい」と言われます。「ぜひそれを聞きに来てください。そのためには、遠い村まで来てもらわねば」と言うと、殿様が、「よし、俺は大作の村まで行って、ブッポウソウを聞く」と言うんですね。そうすると家来どもが、殿様にちゃんと行ってもらおうと、大作のいる辺鄙《へんぴ》な村までお城から上等の道を造ります。

そして殿様が行かれると、鳥が「クククク」と鳴くんです。大作が、「あれですよ」と言うんですが、殿様が「なんだ？　あれは山鳩《やまばと》じゃないか」と言って、「おまえはバカだ！」とものすごく怒られて、殿様は帰ってしまうんだけれども、結果は何かというと、大作の村とお城を結ぶ上等の道ができました、と。こういう話なんですよ。

もちろん、大作は知っていてやってるんですね。だから、殿様を騙《だま》して怒られるけれど結果は上々です。言うならば、お城は中心です。中心と、ずーっと端の、端の、わけのわからんような大作さんの村まで、ちゃーんと上等の道ができた。つまり、中心と周辺がつながったということですね。大作さんの村も、ちゃんとお城と関係ができてきたというわけです。言うならば、自我というものがだんだん広がっていくためには、中心だけに留まっておったら駄目で、広がっていくときに、殿様を騙したりして、その秩序とか体系を破るようだけど、新しい秩序、新しい体系をつくるのに成功するのが、トリックスターだと、こういう考え方です。

そのトリックスターを、職業としてやっていたのが道化というわけですね。道化のことを調べてみると、ほんとうにそういうのが多い。『道化の民俗学』で山口さんは、「その頃、自分は暇だったから」と書いてますが、ほんとうによく調べています。それから、道化のお芝居もよく観《み》ています。

王様というのは、道化というのがいないと成り立たない。王と道化は対《つい》なんですね。皆さん、「曾呂利新左衛門《そろりしんざえもん》」の話はご存じでしょう? あれは、道化の最たるもんです。たとえば秀吉殿様がカンカンになって怒って、誰かに「死刑だ!」と言うたりすると、曾呂利新左衛門は、「私は耳が悪いんで聞こえないんですけど」とか言うて、秀吉のとこへ近づいてって、「はっ! 遠島ですか」と言う。殿様は言うてないのに、「普通だったら死刑にすべきところ、殿は情け深い方だから遠島にされて、皆、ほんとうに喜んでおります」とかって、真顔で言われると、秀吉もしょうがないから、

「うん。遠島と言ったよ」とか言う（笑）。

そういうふうにして、嘘をついたり、騙したりしているようでありながら、ちゃんとうまいこと事を運んでいく、道化というのは、そういう役割をしてるんですね。で、そういうことをやっているだけじゃない。調べてみるとわかるんだけれども、たとえば一つの国がありますと、簡単に言うと、「うちの王国はいちばん素晴らしい国や。こんな素晴らしい国は他にないから、周りは全部駄目。悪者か、変なやつがおるだけだ」「周りは全部駄目だ」と言うてるものの、実は隣国だってエエとこあるわけです。たとえば、こっちにはないけど、そこへ行ったらブドウがあるとか、こっちへ行ったら金が出るとかいうことがあるんだけど、「うちの国よりも、隣の国のほうが、金があって上等だ」とかいうふうには言えない。なぜかというと、自分の国ほど素晴らしい国は無いからです。そこで隣国へ行ってブドウを買ってきたり、金とものを交換したりするのは、道化がやるんです。

道化がやるんですが、いざとなると、「おまえはなんでそんなバカなことをしたんだ！」ということになって、ひょっとしたら殺されるかもわからない。しかし、「どうせあいつはバカだから、バカなことばっかりやってる」と言われるんだけど、ほんとはエエことしてるんですね。

これをちゃんと、王様の家来が他国へ行って、「申し訳ありませんがブドウを売ってください」とか、「金をもらいます」とか言うことになると、「うちの国はそういうのがないのか」って、なりますから、建前は、うちの国が一番上等で、なんにも欠けたものはない、ということになってるんだけど、実際、そんなことはあり得ないわけだから、よその国と交易をするとか、隣の国とのあいだのスパイのようなことをやるとか、たまには嘘もつくでしょうし、悪いことをやるようだけど、結果的には王のためになるようなことを道化はするのです。

そういうことがわかってくると、この道化というのは、お芝居には欠かすことができません。昔の芝居を見ると、必ず道化が出てきて、メチャクチャやってるように思うけど、そのことによって話が展開するんですね。カチッと出来あがっているものが展開しよう思ったら、どこか壊さねばならない。あるいは変えねばならない。しかし、「うちはダメだから」とは言えないわけですね。そこが難しいんで、「うちはちゃんとしておりますが、道化のバカが変なことするから……」と言いながら、だんだん変えていく。道化はそういう役割をしています。

だから、山口さんは、両義性ということを強調します。ものすごいバカなこと、「もう、悪いやつや！」という面と、ものすごくいいこと、意味のあること、その両方をやるやつがいないといけない。だから、道化というものはすごく大事なんだと。

そうしますと、日本の国で、知識のある人とか、文化人とかいうのが、皆が喜ぶようなことばっかり言って、「日本は素晴らしい」とか、「皆、しっかりやりましょう」とか、そんなことばかりエラそうに言うとったら日本は進歩しない。そのときに、日本人がアッとびっくりするような、「日本は駄目ですよ」とか、「日本より素晴らしい国がありますよ」とか言って、皆から「バカなことを言うな!」と怒られているようだけれど、結局は日本が発展するというふうなこともやらねばならぬので、知識人というのは、道化的性格をもっていないと駄目なんじゃないか。そういうことまで山口さんは言い出したし、山口昌男さんという人は、そもそもすごい道化性のある人です(笑)。

ほんとにトリックスターみたいな人で、皆がびっくりするようなことをパッと言って、しかも「なるほど」と思わせる力のあるすごく面白い人です。僕は、その頃、山口さんのこの本を読んで、「僕が心理学で言いたくて言えずにいることを、これだけ堂々と書いて、しかも皆に読まれている」というわけで、臨床心理学の話をするときには、よく山口さんの書物を引用しました。

カウンセラーというのも、ちょっと道化的でないと駄目なときがあります。それはどういうときかというと、相手の人が、「もう、私はこれでいくんです」というようなときに、「そうですかぁ」と言って聴いてる場合には、道化性は何もない。そのまま受け容《い》れていってるんですが、ときどき、「えぇ？　そうですか」とか、「こんなこともありまっせ」とか言って、「なんですか！　それは。先生」とか考えさせる。それは、その人が変わる力があるときです。変わる力があるときには、こちらに道化性があったほうが面白い。しかし、下手に言うと、怒って次からは来ませんよ。そうでしょ？

だからね、道化は、下手すると殺されるんですよ。命がけの仕事なんです。また、実際、王様は都合の悪いときは、「俺はやってない。あいつがやったンや！」言うて、道化を殺したりするんですね。道化というのは命がけで、うまくいけば大成功、失敗したら殺される。もっとつまらんときは、ただ悪戯《いたずら》してるだけか、ただオモロイだけ。道化はとんぼ返りをよくするでしょう？　あれはどういうことかと言うたら、しっかりとある秩序とか、体系をいっぺんひっくり返して見てみろ！　ということをやってるんです。

あるいは、道化というのは赤と白と半々に色づけられた服を着たりしていますが、それは、見方によっては赤に見えるし、見方によっては白に見えるというふうに、角度を変えて物事を見てみたら、ぜんぜん違うじゃないかということをわからせるためです。

そして実際に、いわゆる道化的性格、トリックスター的性格をもった人物は、夢によく出てきます。それを、僕は『コンプレックス』という本に書きましたが、ある抑うつ症の会社の重役さんが相談に来られました。社長に尽くして、会社が発展するように頑張って、頑張って、会社も大きくなってくるし……と思ってるうちに、その重役さんが抑うつ症になって、何も仕事が面白くなくなって、「死にたい」と繰り返すようになられたのです。その人に私がお会いしたときに、「夢でも見ませんか」と訊《き》いたら、「いやぁ、変な夢をみましてね」とおっしゃるんです。

どんな夢かというと、自分の会社で、もっと昔に入ってきた新入社員で、なかなか頭の切れるやつがおった。よくできると思って喜んでいたら、よくできる人って、ちょっとそういう傾向がありますが、知らん間に会社の金を横領したりしていたので、社長がものすごく怒ってクビにしてしまった。そういう社員がおったんですって。ところが、夢の中にそれが出てきて、また会社に来てるんですね。

それで夢の中で、その社員に、「おまえはクビになったはずやないか」と言うたら、「いいえ、そんなことありません」と言うので、社長のところへ行って、「社長、あいつが来てますよ」と言うと、社長が、「そらそうや。あれはうちの会社にものすごく役に立つんだから、ちゃんと採用してるんだ」と言うんですね。「あんなン、採用して！」と思ったところで目が覚めるんですよ。

「あんな、盗んだり、悪いことをするようなやつを、なんでエエなんて、社長が言うんでしょうね。バカな夢を見ました」と言うから、「バカなことないですよ。社長は、盗むこともエエと言うてンねやから、そう思ってみたらどうですか」と。つまり、皆が悪いとか、変だと思ってるけど、「いいとこ、ありまっせ」と言うのがトリックスターの役割なんですね。

　で、その方に、「社長からものを盗むという点では、どう思われますか」て言ったら、「私はそんなこと、絶対にしたことない」と。「社長の言うとおり、ものすごい忠実にやってきて、重役としてここまでやってきたんです」と言われるから、「それはよくわかります。よくやられたけど、夢は、『なんか社長から盗んだらどうですか』って言うてまっせ」と。「盗むほうがオモロイって、社長まで言うてンねんから」て言うたら、「実は……」って。

　どういう話かというと、「私は、この四十何歳までひたすら社長に仕えて、社長の言うとおりに生きてきたけれども、これでは面白くない。このへんで自立して、いっぺん自分の会社を創《つく》りたいと思ってるんだ」というようなことを言われだすんですね。それなら社長から盗むんと一緒やないですか。「へぇーっ！　そんなこと思ってるんですか。ちょうど、この話と合《お》うてきませんか」というところで、私はそういう意味ではトリックスターの典型といってもいいプロメテウスの話をしたんですね。

プロメテウスは、ゼウスから火を盗んできます。だから、やっぱり悪いやつですけども、人間からいうたら、人間に火をもたらした英雄です。だから、道化いうのは、ひょっとしたら大英雄になるし、少しのことで大犯罪者になるという、そのスレスレの存在なんですよ。プロメテウスは神さんから火を盗んだから犯罪者ではあるけど、人間社会からみると大英雄ですよ。「英雄プロメテウス」。

こういう話もあるぐらいだから、ゼウスから火を盗むように、あなたも社長から盗みとって、自分が自立することに意味を見出せるのとちがいますか、という話をして、だんだんその人は変わっていくんですが、そうかといって、夢見たから明日からパッとよくなるということはまずありません（笑）。『アフターダーク』のときに言いましたが、その人がそれをやり抜くまでに、だいぶ長くかかるんです。そのやり抜くのを助けていくのが、カウンセラーの役割ですけれども、方向性としては、そちらへ進んでいきましょうということはわかるわけです。そういうときに面白いのは、心の中で道化が活躍しているということです。

いろいろな道化がいて、どんなやつがいるのかを調べていくと、すごく面白くて、たとえば僕の好きな道化には、皆さんもご存じの、「フィガロの結婚」のフィガロがいます。これはトリックスターの最たるものです。「フィガロの結婚」の前に「セビリアの理髪師」というのがあるんですが、あれなんかを読むと、フィガロのトリックで物事が運んでいきますね。そういうものは、どこの物語にもあります。しかし注意しなければならないのは、喜んでいると命を失うかもしれないということです。皆さんのクラスにも、そういう存在がおったとは思いませんか。そいつがおるおかげで面白かったけど、そいつは先生に怒られてばかりおったとか。

そういう意味で、心の深みへ入っていく導き手としての道化というのは、すごく大事なイメージです。そういうことをわからせてくれただけじゃなくて、非常に組織的に調べて、いろいろな道化のことが書いてあるという点で、『道化の民俗学』は素晴らしい本です。

僕としては、すごく助かったわけです。だいたいその頃は、夢の話をするというだけでも大変だったわけです。ヘタに夢の話をしたら、それだけで「あいつはおかしい」と言われたわけですから、夢の中にトリックスターが出てくるんだなんてことを山口さんの本を頼りに言えたので非常に助かりました。このあと山口さんは、道化というよりも、文化そのものが両義性をもっていて、ある程度破壊力をもたないと成長しないし、だからといって破壊が強すぎたらつぶれてしまう、ということを言い出されます。この破壊と建設のバランスといいますか、この両方が大事だということを、いろんなものを題材にしながら書いていかれたわけです。そのいちばん初めの本という意味で、これを挙げたのですが、この本はどうもいま絶版らしくて残念です。

4

その次に挙げているのは、『ハゴロモ』という吉本ばななさんの本です。この吉本ばななさんの本をなぜここにもってきたかと言いますと、さっきから言っているように、心の深みに入っていくと、恐ろしいとか、恐《こわ》い、暗い、汚れているとかいうことばかりを言いましたが、そうとは限らなくて、ものすごく美しいとか、すごいやさしいとか、私が「すごい」という形容詞をつけたように、やはり普通の世界では考えられないような輝きをもっているのも、無意識の特徴なのです。

その無意識の世界のプラスの面を、非常にうまく書く力のある人として、僕は、吉本ばななさんのほかの作品も勧めたいと思いますけど、その中で特に『ハゴロモ』というのをもってきました。これにはもう一つ意味がありまして、私がスイスから帰ってきて、日本人に、心の内界にはいろんなものが棲んでいておそろしいという話をするときに、日本人にものすごくわかりやすいのはこれだと思って喋ったのが「グレートマザー」の話でした。

なぜかといいますと、いまは認識している人が多いけれども、少し前の日本でしたら、お母さんというと絶対的な善ですね。「なんだか呼びたい、お母さん」というて、「お母さん」と言うだけでうれしくなる。そんな状況でした。そんな中で「お母ちゃんいうのは素晴らしい」と思ってるけども、「お母さんちゅうのは実は恐いんだよ。お母さんに足引っ張られて立てない人がたくさんいますよ」という話をする。僕が帰ってきた頃というのは、ちょうど皆がそういったことをわかり出してきたときですね。それまでは、お母さんは絶対と思っていたけれども、いやいや、母性というものは自我の自立を妨害するというか、自分の中に引っ張り込んでしまう力をもっているのだということと、そしてわれわれの心の中に恐ろしい「グレートマザー」のイメージがあるという話を、私はだいぶしました。

さっきから言っているように、自分の心の内界にはいろんなものが棲んでいるんですが、私が日本に帰ってきた頃に、日本人に言って通用しやすいのは、「グレートマザー」の恐ろしい話じゃないかと思って話しましたら、これは皆、ずいぶんわかってもらえたわけです。いままで、お母さんというのはいいことばかりと思ってたけど、お母さんというのは案外子どもを食ってしまうというか、子どもを抱きしめて、苦しめて、殺してしまうようなマイナスの面をもっている。そのことを、その頃はいろいろ例を挙げて言いました。たとえば不登校の子でも、その子が悪いというよりは、その子のお母さんが「グレートマザー」で、子どもの足をひっつかまえているんじゃないか、というようなことを言うとわかりやすかったわけです。

しかし困るのは、今度は、そればっかり言う人が出てきて、ついに「母原病」なんてことを言う人まで出てきました。そんなバカなことはないですね。お母さんのプラスの面も、ものすごくあります。ただ、単に昔から言っているように、お母さんはやさしくて、いい人で、「なんだか呼びたい、お母さん」というだけじゃないということです。もっと次元を超えて、すごく恐ろしいお母さんに対抗するほどのお母さんの姿を描くという点では、吉本ばななさんの、この『ハゴロモ』は素晴らしい本です。そういうところが、非常にうまく書けているので、これを持ってきました。中に、おばあちゃんが出てきます。なんとも言えんおばあちゃんです。

マイナスの恐ろしいお母さんの話は、日本中に、「山姥《やまんば》」などたくさんあります。西洋の魔女もそうです。自我の意識の世界では、お母さんというのはなんといってもポジティブですから、「お母さんのおかげです」というのがあるんだけど、心の底のほうへいったら、恐ろしいお母さん像がある。そして今度は、恐ろしいお母さん像ばかりを皆、言い出すけど、実はすごい、ちょっと常識では捉《とら》まえきれないような母親像もあります。ここではおばあちゃんになっていますが、現在ではポジティブな母性像というとお母さんよりも、おばあちゃんのほうが多いですね。そう思いませんか。実際のお母さんというのは、ちょっと腹立つことが多いから（笑）、そういう意味で、ばななさんのこの本でも、おばあさんですね。ここでは母性の素晴らしいイメージを非常に的確に書いてあります。

それともう一つは、そういう世界へ降りていくと、不思議なことが起こります。これはまた、後で触れるかもしれませんが、ユングが言い始めたシンクロニシティ（synchronicity）ということが、この『ハゴロモ』に書かれています。シンクロニシティは共時性と訳され「意味のある偶然の一致」の現象に注目して、ユングが提唱した言葉です。読んでいると、子どものときに病気をしたときの、すごく不思議な体験が書いてあります。理屈では説明できないけれども、ともかく同時に非常に不思議なことが起こる。似たようなことで僕ら臨床家がわりと体験するのは、夢と現実がぴったり合うという現象です。

これもよく言う話ですが、私の知っている人が、「変なことがあったんや」て言うんですね。「どうしたの?」言うたら、夢の中で自分の横に友だちが座ってたというんです。すると友人の顔が青くなってきて、バタンと倒れてきたんですね。それで、「倒れてきた!」と思ってたらフッと目が覚めて、しばらくしたら、その人が亡くなったという知らせがきたというんです。

夢でその友だちが真っ青になって倒れたということと、その人が実際に亡くなったということが一致するわけです。その人は面白いですね、その話をして、「河合さん、こんなことってあるんやろか」って言うんですよ。「あるんやろかって、あんた、いま、あったって言うたやないの」って(笑)。「そやから、あるんです」って、僕は言うて(笑)。

これが難しいのはね、あるんですけども説明がないということなんです。そこを間違う人は、喜んでしまって、「やっぱり、虫の知らせというのがある」とか、「エーテルとかいうので伝わるんや」とか、変な説明をつけだすんですが、その変な説明は非科学的なのが多いです。

そんな説明はできない。できないけれども、こういうことはあるのです。その「そういうことはあるのです」という不思議なことは、無意識の世界の探索を始めて、深いところへいけばいくほど、どうもよく起こるんじゃないかと僕は思っています。というのは、僕らのこの意識の世界では、そういうことはあまり承認しないですね。

自分がこうやったから、こうなるんだとか、原因は何ですかとか、原因を究明しましょうとかいう世界で僕らは生きてるんですけど、深い世界へいくほど、「原因も何もあるか。あることはあるんやから」というのが起こる、というか起こっていることが見えると言ったほうがいいのかもしれません。ばななさんは、そういう共時的現象を、すごくうまく書く力がある人だと僕は思います。

非常に見事に書いてあるんですね。そういうときに下手な書き方はしない。ちょっと下手に書くと、「心掛けがよかったから、こういうことが起こりました」とかね。そうでしょう。「お祈りしたおかげで、こんな素晴らしいことが起こりました」とか。「悪い心掛けでいたから、交通事故に遭って死にました」とか。なんか変な説明を加える格好じゃなくて、「ああ、あるある。そういうことが」という書き方がものすごくうまいのです。

吉本ばななさんに、そういう話をしてたら、自分はそういうことがあったりしたときに、「これは文章で書くなら、こういうふうに書けるんじゃないか」「この現象ははっきり見ておいて、心に留めておこう」とか、ものすごく意識するんだと言っておられました。意識の水準が低いといってもいいし、何か深い世界へいって「あっ！」という体験をしたときに、「これは文章に書くんだったら、こう書くんじゃないだろうか」「こういうことはしっかり見て覚えておこう」とか、そうとう意識していますと言うておられました。

もう一つ読んだほうがいいというところに書いた『アムリタ』いうのがありますが、これなんかにもそれが出てきますけど、非常にうまく書けていると思います。

ただ、こういうところは恐いんですね。これは、下手すると偽《にせ》科学に結びつく、あるいは偽の宗教に結びつく。そうですね。「こうしたら儲かりますよ」とか、「祈ったら助かりますよ」とか、「この薬を飲んだら助かりますよ」とか。絶対にそうはいかない。いかないけども、そういう不思議なことというのはやっぱり起こるんですね。不思議なことにねえ。

われわれはそれを常に、実際に臨床の場で体験してるし、大事にはしてるんですけれども、そういう心の深みの面白さを書くという点でばななさんはすごい人だと思います。

最後に挙げました、『あのころはフリードリヒがいた』という本、これもぜひ読んでほしいんです。先ほど、遠藤さんの話をしたときに言いましたように、どこかから光が見えるなんていうことはなくて、ひたすら闇だ、ひたすら暗い、以後何も言えないというような世界が、やっぱり人間の心の中にあるんじゃないだろうか。僕の心の中にも、遠藤さんに言わせると「悪」としか言いようのない、ひたすらの闇ということがある。この本は、そういう闇が人間の心の中にあることを認めざるを得ない、ということを感じさせる本です。

『あのころはフリードリヒがいた』というのは、ある少年の、同じアパートに住んでいた家がユダヤ人だったんですね。そのときにヒットラーが出てきて、ユダヤ人がだんだん迫害されて、初めは仲良くしてたのに……。仲良くどころか、ユダヤ人の家のほうがお金があって、自分のところは失業して困っているときに、いろいろ親切にしてもらったりしていたのですが、自分と同じぐらいの年齢のフリードリヒという子が、だんだんユダヤの迫害によって追い込まれて、最後は死んでしまうという、すごい悲しい物語です。

ただ、やっぱり感心するのは、それを〝ピタリと書いてある〟と言うたらいいのかな。わかると思いますが、「このヒットラーのバカヤロウが」とか、「人間というのは、こんなに悪いことをするんだ。俺は悪くないけど」と思ってる人は多いんですね(笑)。人の悪口を言う人は、だいたい、そうですね。「私は大丈夫だ」と思ってる。そういう気持ちがあると、やっぱり〝筆が甘くなる〟といったらいいでしょうか、何か甘くなったり、高いところからものを言う感じになります。

ところが、『あのころはフリードリヒがいた』には、その辺りのことがピタリと書いてあるんですね。しかも、感傷的にもならず、尻込《しりご》みもしないで、「人間というのはこういうことがあるのです」ということをわからせてくれる。その意味では、すごい作品だと思います。僕は、よくこの本を薦めるのですが、この本を訳した上田真《ま》而《に》子《こ》さんという人は、なかなか素晴らしい翻訳者で、この人の訳した児童文学の本で、「読んで損した」と思う本は、一冊もないと言っていいですね。どの本を読んでもすごいんですが、この本は特に僕の推薦したい本です。

今回、ここで取りあげるために、もういっぺん読みかえしましたけど、ほんとうにすごいなあと思います。おそらくこの著者は、ほとんど自分の体験を書いたのではないかと思いますね。自分の近所に、フリードリヒがいたんじゃないかと思います。

『あのころはフリードリヒがいた』というのをドイツ語で言いますと、Damals war es Friedrich になります。この題がものすごく印象的だったのは、ドイツ語の昔話はみんな、"Es war einmal"で始まるんです。どこの昔話でもそうですけど、昔話を言う前に、何か必ず決まった言葉があるんですね。皆さん、ご存じですね。英語は、"Once upon a time"っていうでしょう? ドイツ語では"Es war einmal"で、「むかしむかし……」なのです。ところが、フリードリヒの話は「あのころは」という特定の時期に、こんなことがあったんだと。つまり、「いまから話をすることは、昔話ではない、現実の話なんです」ということを言って、しかも『あのころはフリードリヒがいた』を見ますと、一九三三年とか、一九三五年とか、必ず年代が書いてあります。「このときにこういうことがあって、このときにこういうことがあって、そしてフリードリヒは死んだのです」と。

しかし、その内容を見ると、昔話と思いたいぐらいではないか。つまり、昔話には、すごい悪いやつが出てきますね。すっごい悪者がおって、人を殺したりするけど、僕らはそれを読みながら、「昔話や」と思って安心している。「昔話ではない」ということで何を言いたいかというと、「こういうことを人間というのは、心の底に、皆、もっているんじゃないですか。昔話ではありませんよ。ちゃんとあるんですよ」ということです。そのために、"Damals war es Friedrich"という題にしたんじゃないか、"Es war einmal"を踏まえて書いたんじゃないかと、僕は思います。

5

もっと読みたい人のためにというので、エリ・ヴィーゼルの書いた『夜』という本を挙げておきました。ヴィーゼル自身がユダヤ人です。強制収容所に入れられて奇跡的に助かった人ですけれども、これも、いかにすごいかということがちゃんと書かれている作品です。

そんなわけで、われわれの心の深みというのには、まだまだ変なものがいっぱいいるわけですね。きょうは話しませんでしたが、われわれの心の深みの中にはイヌもいるはずだし、キツネもいるし、トラもいるし、いろいろいると思うんですが、そのことはきょうは書いていません。そういういろんな存在というものが、こういう文学の中にはうまく書かれている。その中で、山口昌男さんのだけは、文学作品じゃなくて評論で、ちょっと硬いんですが、一冊ぐらい硬いのも入れておこうと思いました。山口さんのこの本に、僕がすごく助けられたので、そういう意味でも入れておいたのです。

センダックの『かいじゅうたちのいるところ』。これは、私は絵本の中でいちばん好きといってもいいぐらい好きな本です。少年がお母さんに叱《しか》られて、部屋に閉じこもって、そのあいだにした体験です。怪獣がいっぱい出てきて。まあ、見てください。素晴らしい。

しかし、すごい体験をして帰ってきても、まだご飯が温かいままだったということは、瞬間の体験に等しいぐらいなんですね。これが僕はセンダックのすごいところだと思うんです。内的な体験がイメージで出てきて、瞬間的な体験だけど、書くならば長くなる。いってみれば、お母さんに叱られて心の中でカーッとした体験を全部書いたら、ああいうふうになるんで、心の中の深いところの表現としてはすごい絵本だなと思います。

それと、もう一つは、われわれが瞬間的に体験することは、ゆっくり喋っていったら、すごいものになるわけです。僕がモーツァルトの言葉で好きなのはそれで、彼は、自分の書いた交響楽を一瞬にして聞くと言っていますね。一瞬にして聞くというのは、自分の一瞬の体験を、皆にわかるように書いたら、二〇分ぐらいの交響楽になる。それもイメージ体験のすごさです。『かいじゅうたちのいるところ』は、それをイメージとして描いている。

もう一つ感心するのは、センダックという人が、おそらく自分の子どものころに体験したことをよく覚えていて、こんだけのものを書いたのですが、よく書けるなと思います。一般に、子どものころの体験も、思春期の体験も、忘れていることが多いですね。すごい体験をしているんだけれど、忘れてしまっている。それをこういうふうに書ける人は天才だと思います。

カニグズバーグの『ジョコンダ夫人の肖像』は、トリックスターのことが書かれている、すごい傑作という意味で取りあげました。レオナルド・ダ・ビンチが出てくるんですが、ご存じのように、レオナルド・ダ・ビンチが描いた「モナリザ」、あれがジョコンダ夫人なんですけど、なぜ、モナリザなんかを描いたんだろうと。

次回の話にもちょっと関係ありますけれど、レオナルド・ダ・ビンチとか、ああいうすごい人は、おそらく両性具有的なのだろうと私は思います。だから、結婚する必要がないというか、あるいは、しようとしても相手がいない人といってもいいかもしれない。宮沢賢治もちょっとそういうところがあったかもしれませんね。結婚しなかったですけど、結婚相手の女性がいなくても自分一人で完結している、完成しているぐらい、すごい人物なのです。それでも、創作的なことをする場合に、自分だけでは駄目で、そこにトリックスターがいないと話が始まらない。

実際にレオナルド・ダ・ビンチの場合はサライという少年が必要でした。盗んだり、変なことばかりやっている少年ですが、そういうのがいないと創作ができないというか、いたおかげでできるというか、そういう面白さ、トリックスターの創造性につながるところの面白さという点で、これはすごい傑作だと思います。
だいたい僕はカニグズバーグという人は好きで、カニグズバーグの書いたものは、どんな本でも、皆さん読んでくださったらいいと思うぐらいですが、ここはトリックスターのことを描いた傑作としてあげておきました。

質問 きょうの本もそうなのですが、いい本というのは、読んで感動がずっと、静かにですが続いていくと思うんです。それと、先生のメッセージで書かれている「著者の心が伝わり、自分の心もわかっていく」ということには、関連性というか、つながりはあるのでしょうか。

河合 あるといえばありますね。「わかる」というのは、やっぱり時間がかかると思っていいんじゃないでしょうか。「ああ、わかった。わかった」というのは、だいたいあまり役に立たない（笑）。つまり、自分のものにするというのは、ジワジワーッとわかっていく。あなたが言われたように、なんか、グーッとくるというか。
そしてそれが、自分の中にだんだん浸透してくるのと同時に、自分も少しずつ変化するようなことがあったり、もういっぺん思い返せたり、あるいはもういっぺん読んでも素晴らしい。だから、きょう挙げたような本は、僕もなんども読んで、今度話をするために、また読んだのですが、また読んでも「すごいなあ」と思いますね。

質問　私は、河合先生の本と、村上春樹さんの本と、吉本ばななさんの本が、私の読む本の中でも特別好きだったので、きょうは、特に楽しみにして来たんですけれども、吉本ばななさんとの対談本の中で、河合先生が質問をいくつか往復書簡でしていらっしゃいますね。

河合　そうそう。

質問　あの中で、先生がばななさんに、チョウとガのどちらが好きですかと訊かれて、ばななさんが「ガだ」と答えたのが、とても印象に残っています。あの質問の意味と、ばななさんが「ガだ」と答えたこと、あれはどういったことでしょう。

河合　そうですね。いま言っておられるのは、きょう挙げた本ではないのですが、吉本さんと対談しまして、『なるほどの対話』というので、最近、文庫本（新潮文庫）がでましたでしょう。

その中で、吉本さんが僕に質問をして、僕が吉本さんに質問して、それに答えているというのがあるんですね。その中で、吉本さんに「チョウとガとどっちが好きですか」という質問をしました。なぜそんなことを訊いたのかといわれるけど、なぜもクソもないです。そう思うただけの話で（笑）なんか、「どっち、好きやろなぁ」と思って書いたぐらいのことで、深い意味はほとんどありません。

それで、「ガや」と答えられ、「はあ、オモロかった」と（笑）。どうも、私は、そういうところがありまして。

質問　「もっと読んでみたい人のために」の中に、井筒先生の『イスラーム哲学の原像』というのが出ていますが、これについて何かコメントいただければ。

河合　きょうはコメントできませんでしたが、なぜ、『イスラーム哲学の原像』を挙げておいたかというと、きょうは言う時間がなくて残念でしたが、私が「深い世界に入っていく」と言いましたが、その『イスラーム哲学の原像』ではですね、イスラームの考え方で、心の階層が分けて書いてあるんです。

皆さん、ぜひ読んでください。いま、自我のことを言って、意識の水準が変わるといいましたね。それが、もっと深くいけばどうなって、もっと深くいけばどうなって……と、だんだん深くなって、これに全部名前がついているんです。そして、それに全部説明がついてるんです。だから、僕が「心の深層」と言っているような考え方を、フロイトは「意識と無意識」と言っているし、ユングはその無意識を「個人的無意識」と「集団的無意識」に分けて考えています。きょうは言いませんでしたが、どうしようもない「悪」なんていうのは、「個人的悪」ではなくて、「普遍的悪」と言ってもいいかもしれません。

そういうふうに層について、『イスラーム哲学の原像』は、きれいに層を分けて書いてあります。そして、ちゃんと底の底まで書いてある。こういう、心の深層をきれいに分けて考える考え方は、イスラームにもあるし、仏教では「唯識論《ゆいしきろん》」がそうです。そのことをちょっと言いたかったのでここに挙げました。関心のある方は、読んでください。

それでは、きょうはこのくらいにしておきます。どうもありがとうございました。

Ⅲ 内なる異性

まず読んでほしい本

ポール・ギャリコ『七つの人形の恋物語』（矢川澄子訳）王国社
ルーマー・ゴッデン『ねずみ女房』（石井桃子訳）福音館書店
夏目漱石『それから』岩波文庫
シェイクスピア『ロミオとジュリエット』（松岡和子訳）ちくま文庫
桑原博史『とりかへばや物語全訳注』1〜4、講談社学術文庫

もっと読んでみたい人のために

エマ・ユング『内なる異性——アニムスとアニマ』（笠原嘉・吉本千鶴子訳）海鳴社
デイヴィッド・ガーネット「狐になった夫人」（井上宗次訳）新潮文庫、（井上安孝訳）原書房
ヘルマン・ヘッセ『荒野の狼』（手塚富雄訳）角川文庫、（永野藤夫訳）講談社文庫
村上春樹『ねじまき鳥クロニクル』（1部〜3部）新潮文庫
安部公房『砂の女』新潮文庫

1

きょうは「内なる異性」ということでお話をします。このテーマで、私がいちばんまとまったかたちで書いているのは、最後にあげた『とりかへばや物語』を扱った『とりかへばや、男と女』（新潮選書）という本です。この中に内なる異性のことを書いています。

この『とりかへばや物語』というのは平安時代末期に誕生した本ですが、作者は誰かわかりません。主人公はきょうだいなのですが、それが、姉と弟なのか、兄と妹なのかはわかりません。僕は何となく姉と弟と思って読んでいるんですけど、ともかく、男と女のきょうだいです。「とりかへばや」というのは父親の言葉です。

なぜかというと、当時、高貴な家の女性は人目に触れないようにしていたのですね。だから、いつも几帳《きちょう》の陰に隠れている。外に出て行くときは必ずおつきの人が隠すものを持って歩いて、人の目に触れないようにする。

ところがこの物語では男の子のほうがそうで、ずっと隠れてばかりいて、遊ぶことといったら、貝あわせとかをやっている。女のほうは逆に、男の子のするような弓をしたり、外に出て男らしい遊びをする。だから、まるっきり逆なのです。どちらも素晴らしいのだけれど、逆なので、お父さんが「取り替えられたらいいのに」というので、「とりかへばや」と言ったんですね。だから、『とりかへばや物語』というのですが、実際に男の子は女として育てられるし、女のほうは男として育てるという、そういう思い切ったことをするわけですね。なかなか面白い話です。

ところが面白いのは、国文学の先生方はこの話を、性の取り替えなどをやっている下品な話というか、エッチな話というか、そういう読み方で読んでいる人が多かったんですね。そのために、『とりかへばや物語』は国文学の人はほとんど取り上げて論じていません。この『とりかへばや物語全訳注』という本を書かれた桑原先生と対談したことがあるんですが、この先生は『とりかへばや物語』が好きで、一生懸命に研究していたら、それだけでもう、みんなから「あいつはあやしい」とか、「おかしい」とか変人扱いされたと言っておられました。それほど大変だったらしいです。国文学の偉い先生が「あんな変な本はない」といわれたおかげで、誰もあまり取り上げなかったんですが、実際読んでみると、すごく面白い。ものすごく面白い本なので、取り上げました。

ついでに言っておきますと、だいたい国文学の人は、何といっても『源氏物語』が好きで、『源氏物語』が最高なんです。あとはだんだんつまらなくなって、みんな、昔の真似《まね》をしているだけだということになる。「擬古物語」という言い方があります。古を擬するだけの本で、本質的にはたいしたことないというわけです。特に『とりかへばや物語』ぐらいになってくると話にならないという考え方をするんですね。

ところが、私が読んだらあまりに面白いので、これは、特に外国人に話をすると喜ぶだろうと思って発表しようとしたのです。それで国文学の先生に、「お前はどうしてもっと素晴らしい本を取り上げないのだ。なぜ、いちばんつまらないものを取り上げるのだ」と怒られたらいけないので、ドナルド・キーンさんに聞いたのです。スイスでエラノス会議というのがあって、そこで『とりかへばや物語』について話をしようかと思うのだが、どうでしょうかと。そしたらキーンさんの返事は、「それはもうやったらいいでしょう」と。「擬古物語なんていっているけど、そんなバカなことはない。そもそも人間が創作するときに、誰かの真似しよう、昔の真似しようという気持ちでは作れない。その人は本当に一生懸命に作っているはずだし、それだけの意味をもっている。『とりかへばや物語』もそういう意味をもっているものです」というものでした。それで私は元気を出してスイスで発表したり、アメリカで発表したりしたのですが、みんなに喜ばれました。

面白かったのは、スイスのエラノス会議で発表したときに、聴衆のアメリカ人が、「これは古いなどと言うよりも、ポストモダンの物語だ」と言いましたね。それほど現代性を持っている話だと思います。どこに現代性があるかというと、男、女と勝手に分類して、男は男らしく、女は女らしくなどといってきたけれど、男でもそうとう女性的に生きられるし、女でもそうとう男性的に生きられるんだということが、きちんと書いてある。

それだけでも面白いんですが、女の人が男になったほうなんかは、大将になっているんですね。もっとすごいのは結婚するだけではなくて、子どもができるんですよ。結婚して子どもまでできたというのでみんなビックリするんですが、すぐわかるのは、つまり、この妻には誰かほかの男性がいたということですね。女と女からはいくら平安時代でも、子どもは生まれません（笑）、残念ながら。

私はおそらく作者は女性ではないかと思っているんですがね。だいたい、国文学関係の方は、男性が書いたと思っている人が多いみたいです。もちろん、本当のことはわかりません。

この作者の言いたかったことは、このころの社会は、ご存じのように男はどんどん――といっても初めから身分がありますから、ムチャクチャ出世はできないけど――

出世していきますけれども、女のほうはそれの妻になるとか、あるいはそれの女御《にょうご》になる、そういうことしかできない。ところが、ここに書いてあるのは、「いや、そんなことはないのだ。女も本気になったら大将にもなれるし、大納言《だいなごん》にもなれる」ということです。ですから、どうも女性が書いたのではないかと思うんですけどね。

ここで素晴らしいことは、あの当時みたいに、男と女の役割がすごく分けられているときに、それは区別をし過ぎているのだ、内実はそうとう交錯するのだと、例を挙げて書いていることです。そこがすごいと思うんですね。いってみれば、男といったってすごく女性的なところがあるし、女といったってすごく男性的なところがあるではないかと書いてあるのですが、このことにすごく注目したのが、ユングです。きょう話をする「内なる異性」、心の中に異性がいるというのは、ユングの考え方です。

ユングがそういうことを考えた根本は、頭で考えたのではなくて、実際の経験から出てきています。ご存じのように、ユングは文学者でも何でもなくて、私と同じように、心の問題で来る人の相談に乗っていたんです。そこでユングが気がついたことは、本書のテーマですけど、その相談の相手が意識的に考えていることを調べるだけでは駄目で、その人自身も気がついていないようなもっと深いところを知らねばならないということでした。それを当時、ユングやフロイトは、無意識という言葉で表現したわけです。

無意識的な心のはたらきを知るためには夢を聞くのはいちばんいいんです。なぜかというと、皆さんも夢の体験があると思いますが、覚醒《かくせい》時のわれわれの意識は相当、はっきりしているけれども、寝たときはもっと緩んでくるわけですね。緩んでくると、いろいろ、覚醒時の意識ではない、いろいろな心が動き出す。それを夢に見るのだから、夢を分析すると、その人の無意識的な心の働きがわかる。あるいは、内面的なことがわかるというので、夢の分析をドンドン始めたわけです。

やっているうちに、ユングが気がついたのは、男の人がもってくる夢の中の女性像は非常に大事だということでした。その夢の女性のイメージが、その人の導きになったり、その人を助けたり、あるいは、その人を転落させたりする、そういう意味をもっていることがわかってきたのでした。それで夢の中の異性像というものに注目する。だんだん注目して考えているうちに、ユングは面白いことをいいました。

ユングの考え方でいくと、前からいってますように、人間の心の中には自我というものがあるのですが、非常に深いところに人間の魂というものがあるとすると、魂はそのままでは自我には絶対にわかりません。けれども、魂がどういうものかを自我が把握しようとすると、先ほど言いましたが、それはイメージとして把握されるのです。

そのイメージというのは夢の中に出てくるいろいろなイメージですね。たとえば男の人でしたら、その夢に出てくる女性のイメージが魂の像だというのです。つまり、夢の中の女性像は、その人の魂がイメージとして出てきたものだというわけで、ソウル・イメージ（soul image）という言い方をしています。だから、その人の夢に出てくる女性像や、女性との関係などをよく調べていくと、その人の魂のあり方がわかるというんです。では、いったい、魂とは何かということになると、これは大変わかりにくいのですが、いろいろな言い方ができると思います。

ユング派の分析家にジェームズ・ヒルマンという人がいるんですが、ヒルマンが言っている魂の説明が僕は好きですね。それは、「魂という実体があるのではない」「魂ということを考える、あるいは、魂ということを大切にするということは、世界に対する自分の見方を表わしているのだ」ということです。

簡単に言ってしまうと、世界を見るときに、われわれ人間にとっていちばんわかりやすいのは、二つに分ける、分割するという方法ですね。だから、意識の始まりというのは、天と地を分けるとか、光と闇《やみ》を分けるとか、そういうふうに分けますね。そういうふうに分けていくのだけれど、そういう二分法ではない見方があって、それが魂だという言い方をしているんです。面白いですね。「心と体なんていって分けるけれども、心と体なんて分けられないよ」という見方が魂なのだというんです。魂があると思ったら、心と体だけで説明できませんね。だから、心と体で人間ができていると皆、思うけれども、「心と体以外に、もう一つ、わけのわからん存在があるんだ」というふうに考えるとすごく面白い。

私はそれを実際に使ったことがあります。この頃、よくある援助交際をしている女性のなかには、自分のやっていることは何も悪くないし、問題でないとすごく主張する人がいますね。私がお会いしたひとりの人が言われたのは、「自分は人を傷つけているわけでもないし、来た人が喜ぶわけだし、自分はお金をもらえるわけだし、いいことばかり、何も悪いことはない。どこが悪いんだ」と。「しかも、私の心が傷ついているわけでもないし、体が傷ついているわけでもない。自分が割り切ってやっているのだから、心も体も傷ついていないし、何も悪いことはない」ということだったんですが、僕は「いや、あなたの魂は傷ついていますよ」と言ったんですね。それは、その人にすごく通じたみたいです。

それだって、魂が傷ついてるといっても、魂って何かということです。「あなたは心と体と分けて、割り切っている、割り切っているというけれども、人生はそんなに割り切れないのですよ。絶対に割り切れない。そこから自分のやっていることを考えてごらん」と言うと、「やっぱり自分のやっていることは悪くない」とは、割り切れないんですね。「悪いかもしれないし、いいかもしれないし……」というふうに見方が変わってくる。

だから、魂ということを考えるということは、人間にとってすごく大事だと私は思っています。ユングは、「魂そのものはわからない」と言っています。「私は自分の魂を見たことがないし、魂って何かわからないけども、魂がイメージとして出てきたら、男の場合は女性像で出てくる」と、ものすごく思い切ったことを言ってるんですね。

でも、皆さん、聞いていて不思議に思いませんか。二分法はイカンと言いながら、ここで二分法を使って、男と女と分けているんですね。

どういうことかというと、善と悪とか、天と地とか、心と体とかいうのは、わりとわかりやすいのだけれど、男と女の二分法というのは、あまり意味をもたないということなんですね。簡単に二分できないのに、無理して二分しているものの最たるものではないかという考え方がここに入っているわけです。また、実際に夢の分析をしていますと、そういう夢は非常によく出てきます。分析を始めたときに男性の夢によく出てくるのは、女性が死にかかっているのを何とか助けようとして人工呼吸をしたとか、海で溺《おぼ》れている女性を救ったとか。つまり、自分の魂なんていうことを忘れて、魂が死にかかっているのに夢の中で女の人を助けようとしているということは、いままでそんなことを考えていなかったのだけれど、自我がもういっぺん、考えざるを得なくなったということでしょう。

この世で生きていくのに、魂なんか考えんでも普通に生きられますよね。「お金さえあれば……」と思っている人も、たくさんいるのだから。「お金があったら何でも好きなことができる」と思っているのに、「いや、そうではないよ。魂という不思議なことがあるよ」と気がつくときには、夢の中で女性を助けたとか、女性に導かれたとか、女性が面白いことを言ってくれたとかいうのが出てきますし、その女性像もだんだん変化していくわけです。逆に、女性の場合であれば、男性像ということになりますね。

魂というのはラテン語でアニマ（anima）といいます。アニマというのは女性名詞ですので、アニマをそのまま使ってアニマイメージ。男性形はアニムス（animus）とユングは言っています。厳密にいうと、僕の夢に出てくる女性は、僕のアニマではなくて、アニマのイメージなんですね。女性の夢に出てくる男性はアニムスではなく、アニムスのイメージなんですけど、うるさいのでアニムスとか、アニマとかいってますが、ほんとうは区別しなくてはいけない。

次にユングが言っていることは、われわれの内なる異性は外に投影されるということです。だから、私が女性イメージをもっているとすると、それをある女性に投影した場合は、私が魂を大事にしたいと思うのと、ほとんど同じ考えで、「この人は大事だ」とか、「この人がいなかったら私はもうダメだ」とか、「この人とさえ一緒になればいい」とか、つまり、恋愛感情が出てくるわけですね。それはアニムスの場合も同じだといっています。

ユングの考え方の面白いところは、恋愛という途方もないことを説明するのに、すごく納得がいくことです。考えてみたら、「なぜ、あんな女の人を好きになったんやろう」とか、「なんであんな男の人を好きになったんや」とか、なかなかいえないのだけれど、自分の魂のイメージをその人がもっていると考えたらわかりやすいでしょう。だから、とにかくムチャクチャ、理屈抜きで好きになりますよね。それから、理屈抜きでその人と一緒になりたいと思うし、社会の規範を壊してでもと思うことがありますね。

それに対して、われわれ人間はこの社会に生きていかないけませんから、私という人間は、社会に対して適応するようなものを身につけないといけませんね。それをユングはペルソナ（persona）と呼んでいます。私は私のペルソナをもっていないといけない。

たとえば、大学の教授らしくとか、家庭の主婦らしくとか、「〜らしく」というのは、何かの期待がされていて、それとあんまり変わったことをすると、ちょっとビックリしますね。たとえば、僕が文化庁へ行くときに、浴衣《ゆかた》がけで行ったりすると、いくらクールビズだといっても、皆、ビックリするでしょう（笑）。ちょっとした買い物に行くのに、ドレスを着て行ったりすると、「あの人は変わってるな」と言われる。それは服装だけではなくて、言葉づかいにしても、考え方にしてもそうですね。男性の場合は、特にそれを気にしているから、何か言われても、ほんとうは腹が立っていても、「ここで腹立てたら駄目や」と思うから、「いやあ、お考えはわかりますよ」と、ぜんぜんわかってないのに言う。それはみな、自分のペルソナを大事にするからです。ペルソナが壊れたら社会で生きていけませんからね。

それに対して、対社会的にペルソナがあるように、対魂があり、これにさっき言ったアニマイメージというのがあって、これとどうつき合うかということが問題になってくる。ところが、人間がその中にあるアニマイメージをどうするかというのはすごく難しいんだけれど、これを誰か現実の女の人に投影するんですね。つまりアニマイメージのキャリアーとしてのその人を好きになるという形で出てくる。これは恋愛をした人はみんなわかると思います。したことない人はぜひやってください（笑）。人生で一回もやらなかったというのはすごく残念ですね。

そのときによく、アニマイメージの力がペルソナを壊しそうになることがあります。どんなことかというと、相手が結婚していたら、不倫になります。不倫というのは、ペルソナからいうと駄目です。しかし、考えようによると、それは自分の魂を追求していることなのですが、それを社会からいわせると、あいつは不倫だといわれますね。実際に、僕らもそういうケースについていろいろ相談を受けることがあります。たとえば、自分が好きになった人が外国の人だったとき、今はだいぶなくなりましたけど、昔ですと、外国人に対する偏見がありましたね。「そんなんと、なんで結婚すんのや」と親が反対しますね。親はペルソナのほうから見ている。子どもの方はもう、愛しかない。「結婚させてもらえなかったら、死ぬ」とか言います。

そのペルソナとアニマとの相克は、あらゆる文学に出てくるわけで、たとえば、夏目漱石の『それから』がそうでしょう。それから『ロミオとジュリエット』がそうでしょう。ロミオとジュリエットはものすごく愛し合うのだけれど、お互いの家はまったく相対立している二つの家ですから、絶対に結婚してはいけないというのがペルソナの世界。ところが、どんなことがあっても結婚したいというのが魂の欲求なんですね。

そういうことは、文学のお得意中のお得意で、いっぱい作品があります。男性と女性のことについて書いた本はものすごくたくさんあるじゃないですか。私が学生の頃は、文学はほとんどそうだったといっていいぐらいですね。映画もほとんどそうでした。映画でも男性と女性の恋愛で、悲恋に終わるときとか、いろいろあるのですが、そういうのを観《み》ては感激して、「俺もやってみたい」と思ってましたね。

ところが、僕は最近もちょいちょい映画を観るのですが、たとえば、『ほたるの星』(菅原浩志監督)。新任の教師が、ちょっと難しい子どもがおって、その生徒との関係もあって、そこで絶えていた蛍を何とか復活させようと思って苦労する話が出てくるのです。その新任教師の男の人と、彼にわりと理解を示す若い女性とが出てくるんです。すると、昔の映画だったら絶対に恋愛したと思うんですね。ところが、最後まで恋愛せずにこの映画は終わりますね(笑)。

それからもう一つ『深呼吸の必要』(篠原哲雄監督)という映画も、昔だったら、絶対に恋愛が起こっただろうというときに、恋愛が起こっていない。ということは、今の人たちは、そこで恋愛が起こるとちょっとうるさくなってきて、「いちばん大事なことは蛍のほうやないか。そこにへんな恋愛の話を持ってくるから話がややこしくなった」と思うのではないでしょうか。われわれの若いころだったら、「恋愛もないような映画観るか?」だったわけですね。だから、恋愛に対する価値がすごくいま、変わっているといっていい。なぜかということはあとで言いますが、これもすごく大事なことです。

ユングが面白いことをいっているのですが、男女の関係は非常に面白くて、関係が交錯していて、男と女の関係だけでなく、アニマとアニムスの関係もあるし、女とアニマとの関係もあるし、心の底のほうで、アニマとアニムスが関係することもあるというのです。心の中ではこういった複数の関係がある。だから、男性と女性の関係は非常に複雑なんです。一人の男と一人の女とかいうけれど、関係の数を数えたら、六つもあるのです。これがわからないと駄目で、これがわからないからものすごく腹が立つことになるんですね。

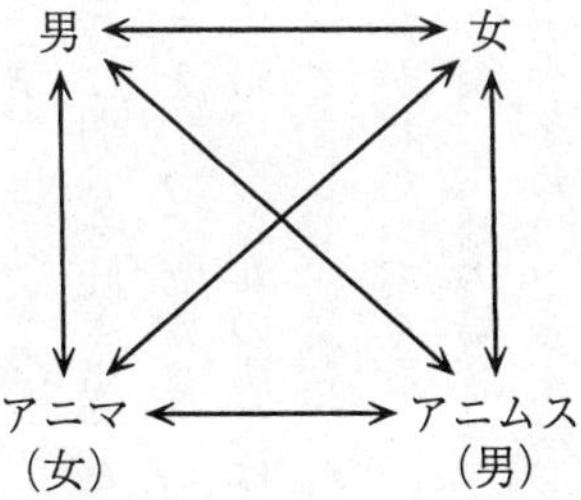

たとえば、男の人が女の人を好きになって、この人は女の中の女だと思っていると、その女性が急に難しい意見とかを言い出して、途端に「あれは駄目だ」と思ったりする。でも、それはアニムスさんが言っておられるん

でね（笑）。それから、すごく男らしい人と思って好きになって話しかけると、なんだか急に弱音を吐き出したりする。何事かと思うけど、それはアニマさんが言ってお られるということがよくわかる。だから、ここに図示したような関係、全体の関係があるから、男と女の関係は非常に興味深いし、豊かになるというようなことをユング は言ってまして、僕もほんとうにそう思います。

それがわかってくると、すごく面白いですね。実際、夫婦などの場合でも、よくありますね。夫婦の場合は、男と女の対話がアニマとアニムスの対話になることがよく あるのですね。たとえば、「子どもはちゃんと勉強させて、社会に適応するように塾へ行ってドンドンやらないとダメですよ！」と、そういう理屈を言うのが女のほうで あって、「お前、かわいそうやないか、ちょっとぐらい遊ばせたらいい」とか言うのが男だったりするでしょう。それはなんか、役割交換みたいになってくるのですね。 それは心が全部が働いているから、そんなことが起こるのです。考えてみるとなかなか面白いことです。

そのときに下手すると、喧嘩《けんか》になってしまう。つまり、女のほうからいうと、「うちの主人は、ぜんぜん論理的でない」とか、「かわいそうばかり言ってる」とかで、男のほうからいうと、「うちの家内はほんとうに理屈っぽくてね」とかいうことになる。だけど、そうではなくて、特に夫婦になったら全部〝込み〟ですから、いろいろ不思議なことが出てくるわけです。しかし、そちらのほうがほんとうの関係なのですね。ほんとうの人間関係というのは、そういうのを全部含めてやらないと、面白くない。恋愛の場合は下手をすると、都合のいいところだけ見せ合うような関係になりますが、これはほんものじゃないです。

たとえば、ポール・ギャリコという人の『七つの人形の恋物語』という本がありまます。これは、われわれ男性からみると、すごく面白い話で、ムーシュという女の子が自殺しそうになって、人形つかいのところに行くのです。その人形つかいはいろいろな人形を使っていて、いろいろな人形がみんなムーシュと関係ができてくるんです。いうならば、知らない間にある男性の分身と恋をするような話で、僕らにとったら面白い。ところが、絵本作家の佐野洋子さんと対談したことがあるんですが、佐野さんに言わせると、「河合さん、ポール・ギャリコのあのムーシュって女はつまらんね」ということなんです。

女性からは非常につまらないとみえる。というのは、ムーシュが人形みたいになってくるのです。なぜかというと、男性のほうからいうと、こういう面もつき合ってほしいし、こういう面もつき合ってほしいし。どれもつき合ってくれる人がよい女の人と思うからで、男はそういう都合のいい女性像を作っていくけども、女のほうからいうと、「そんな都合いいことないわよ」といいたいわけですね。だから、ムーシュみたいのはつまらないというわけです。

ときどきおられますけれども、男の人にパッと好かれる才能のある女の人にはそういう人がいますね。男の要望に応《こた》える力をもっていて、アニマイメージの投影されたのをスッと生きるのですが、本人は、あまり深く自分の人生を生きようとはしていない。言うならば無色透明、蒸留水みたいな人で、「あなたの言うとおりに染まりますよ」という感じなのですね。そういう人は、女の人からみると、ぜんぜん面白うないです。

ほんとうに面白くないなと思うのに、なぜ、あの面白くない女が男に好かれるのだろうと思うと腹が立ったりします。女から見れば単純だが、男からみたら、いろいろにみえる。無色透明だから七色にみえるんですよ。初めから色がついている人は絶対に七色にみえないでしょう。ここがすごく面白いところで、アニマ女性というのは、男からみるとすごく都合がよくて素晴らしくみえる女の人で、ちょっときれいだったりしたら、ますますそうですね。ところが、内実はほとんどみせない、もってないという感じの人。うっかり結婚したら大変なことになりますが（笑）、恋人としては最高というか……。

男のほうでも、女性のアニムスイメージをそのままパッと生きているようで、すごく男らしくみえていたけれど、実際結婚したら、ガタガタっと変わる人もいます。だから、ものすごくむずかしいんですね。恋愛というのはむずかしいんだけど、それでも、そうはいうものの、やっぱり、自分の魂をそこに投影しているという意味では、まったく不可解だけど、「なんと言ったってあれしかない」と思うのです。実際に「心中」ということもあるくらいで、うまくいかないために死ぬ人も出てくるわけだし。うまくいかないから人を殺す人だって出てきますね。そこまで引きつけるというのは、その人というのではなくて、心の中の魂なんだという考え方です。だからこそ恋愛はすごい文学作品の対象になってきたわけです。

2

二人の引き合う力のすごさというのを書いているという意味では、『ロミオとジュリエット』は、その典型ですね。ロミオとジュリエットの年、ご存じですか。知ってビックリですけど。ジュリエットは一四歳です。一四歳の女性がどんなに怖いか

(笑)。いまでも怖い人おられますがね。シェイクスピアってすごいですね。だいたい、『ロミオとジュリエット』のもともとのお話があるんです。もとの話はジュリエットは一六歳なんです。それを一四歳に変えてるんですね。魂に直進するすごい迫力は、一四歳でこそ表現されやすいと見抜いたところがシェイクスピアの天才ですね。

もう一つ、すごく大事なことは、『ロミオとジュリエット』はみんな純愛といいますね、命をかけた純愛というのだけれど、実際に『ロミオとジュリエット』の原文をみると、すごく卑猥《ひわい》な冗談が多いんです。ご存じですかね。ビックリするほど直接的な、セックスに関係するような冗談が多いんです。日本では初め、それをきちんと訳してないんですよ。なぜかといったら、シェイクスピアのような偉大な人が、『ロミオとジュリエット』みたいな、そんな素晴らしい作品の中で、卑猥なことを言っているのはおかしいというので、あるいはそこまで分からなかったのかもしれないが、全部、うまいこと言い換えたり、訳さずにいたりするんですね。それを、ここに挙げている本では、訳者の松岡和子さんは、そのまま訳してるんです。だから、ぜひ、読んでみてください。

たとえば、ジュリエットの乳母がいるんですけど、乳母がジュリエットに言うジョークはだいたいセックスに関係しているジョークですよ。ほんとうに即物的なジョークを平気で言うんですね。それを見て、「何やの！」と思うけど、これが一四歳の特徴なんですよ。魂がはたらくということは、さっきから言っているように、心と体の区別がない。だから、心がひきつけられるのと同時に、体のことが出てきてしまう。セックスというものはもっと年齢が行くほどリファインされてきて、だんだん心と体とが一緒になってきて人を愛することとセックスがひとつのものになってゆくのですが、一四歳のときなんていうのは、ワーッと体のことが出てきたら、直接的セックスで、「何やの、これ！」というような感じになるし、心の方では、「この人のために死にましょう」となる。その感じがものすごくうまく書かれています。さすがと思いました。

『ロミオとジュリエット』で二つの家はケンカしますね。だから、ロミオなんか、ジュリエットの家のヤツが来たら、ケンカ売ってるんですけど、何でケンカしたか、はっきりわからんのですよ。要するに、ケンカして殺し合いしてるんです。それもわかるでしょう。一五歳ぐらいの男の子って、われわれも体験がありますけど、何でもいいからともかく蹴飛《けと》ばしたりとかね、何でもいいから殺せとかというふうになる、そういう面と、「この女性のためならば」まったく純粋に行動するという面とが共存している。ものすごい荒っぽい、リファインされてない暴力とかセックスというものと、すごい純粋なものとがいかに共存して生きているかということが、この作品ではすごくうまく書かれています。

僕は蜷川幸雄《にながわゆきお》さんの演出の『ロミオとジュリエット』の演劇を見たんですが、そういう点でほんとうに感激しましたね。思春期というのがどんなにすごいか、あんなにうまく演劇で示せるんかと思って、ほんとうに感激しました。今まで日本人は下手すると、片一方を捨ててしまって、純愛のほうだけを演出してたんではないでしょうか。それでは、やっぱりシェイクスピアの意図ではないですね。こんなに荒っぽいから、途方もない直線的純愛が起こるんです。

大人だったら、もうちょっとうまくやりませんか。あんな下手な死に方、せんでしょう。そう思いませんか。僕だったら、絶対にあんな死に方、しないですね（笑）。もっと上手にゆっくりやっていたら、もっとうまいことといったはずだけど。死の世界に突入しなくてはならない。その辺のすごさが書かれているという意味で、読んでください。できたら演劇を見てください。やっぱり演劇で見たほうが、もっと迫力があります。私は蜷川さん演出の『ロミオとジュリエット』を見ていて、私が相談室でお会いした思春期の人たちの姿がそれに重なり合って、感動で涙がとまりませんでした。

あの中に神父さんが出てくるでしょう。神父さんがロミオとジュリエットを何とか一緒にしてやろうと思って、薬を飲ませてみたりとか、いろいろなことをやりますね。ああいうことをするから、あんな悲劇になるんですね。あの神父さんは神さんのことを忘れているんですよ。神さんのことがもっとわかってたら、あんなバカなことしないと思います。もっと神に委《ゆだ》ねたらいいのに、自分の力で救おうとするでしょう。そうしたら、絶対に変なことが起こるんです。一見すると、偉い神父みたいに見えるでしょう。しかも、死んだように見せる薬まで持っているというたら、神さんに近いではないですか。人間が神に近づくと、ろくなことがないんです、絶対に。

人間は人間として、特に神父としてできることは、神に祈る以外ほとんど何もないんですね。そのほうがよっぽど悲劇を避けられるんだけれど、多くの悲劇は、善意の人が張り切って起こすのです。これはその一つの典型ですね。もっと神にまかせればよかったのに。これもすごい、これもシェイクスピアはうまいなと思いますね。そういう点はわれわれ心理療法家も、神父さんとは違いますけれど、やっぱり、ある程度、人の役に立ちたいと思う仕事をしているから、すごい教訓になりますね。うっかり人助けをしてはならないということがものすごくよくわかります。

それほど、この魂の働きというのは、やっぱり、われわれの常識を超えているんですよ。ものすごく常識を超えて、魂が働いている、そのすごさをちょっとの時間で舞台の上で見せるんだから、やっぱりシェイクスピアってすごいと思いますね。

ポール・ギャリコのほうは、もっとわかりやすいというか、私が今言ったようなことを、もっと説明的に書いています。つまり、男であれば、いろいろな自分のいやなところとか分身とかいろいろあるのだけれど、そういうのがみんなムーシュという女性との関係の中で、だんだんわかってくる。つまり、この『七つの人形の恋物語』というのは、男の人のほうが面白いんじゃないでしょうか。女の人でも面白いと思う人は、きっと若い人だと思います。年取ってくると、佐野さんではないけれど、「オモロないわねぇ」ということになると思いますね。

そういう意味では、女性の心の中の男性像を描いている傑作が、ゴッデンの『ねずみ女房』だと思います。僕はこれはすごい傑作だと思います。これ、児童文学なんですよね。子どもに読ませる本なんですけれど。ゴッデンという人は、児童文学に恐ろしいことを書くのがうまい人です。ゴッデンの書いた本、僕は好きなのが多いですけど、『人形の家』（岩波少年文庫）というのも僕はすごく好きなんです。この『ねずみ女房』などはその最たるものではないかなと思いました。

こういう「内なる異性」が出てくる本を読まれるときに、ユング、あるいはユングの奥さんが言っていることがあります。非常に教科書的になりますけれど、一応、言っておきます。

ユングという人はアニマには四つの段階があるという言い方をしています。思弁的に言ったのではなくて、夢の分析をしてると、だんだんその姿が変わってくるわけですね。それを四段階に分けて説明しています。いちばん下が生物的といいますか、要するに女であればいいということで、その人と交われば子どもができる。そういう生物的な段階というのが非常に大事だと。いまでも、男の人で「女というものは……」というもの言いをする人がいますね。あれはどうせ、どんな女でも同じことだと思っている。そのような段階です。

その上にいくと、ロマン的女性像というのです。さっき言った、自分の魂の顕現としての女性像なのですが、自分の精神性というか精神の高さの表現として感じられるという段階ですね。これが西洋の小説、特に近代の小説にいちばんよく出てきた女性像です。ロマンチックな女性のイメージで、「あの人と結ばれさえすれば」という感じで出てきます。私たちの学生時代はこのような文学や映画に心を奪われたものです。このロマン的な女性像の上に、マリア様があります。マリア様はどこがすごいかというと、母であることと、乙女であることを両立させている女性です。だから、子どもをもつことができるけども、穢《けが》れていないというか、肉体的関係をもっていない。だから、もっとも聖なる女性。西洋人の場合はものすごく大事ですね。

ユングが面白いことを書いているんですね。考えてみたら、「マリアさまより上はないと思うやろ?」と。そうですね。もっとも聖なる女性ですから。しかしもっとも完全なものと言うのはどうしてもいちばん上ではありえないという逆説があります。その逆説的存在が第四段階です。その女性像は、確か、叡智《えいち》の女性という表現をしていましたが。日本人にいちばんわかりやすいのは、弥勒菩薩《みろくぼさつ》などでしょう。女性だけど、女性でないようになってきてるでしょう。だから、単にお母さんというのでもなし、乙女というのでもない。お母さんも乙女も全部、超越して、この世の叡智をすべて持っているような女性という第四段階があるといっています。

ユングが例にあげているのは、たとえば、ギリシャの女神アテナ(Athena)です。ここへくるとみんな両性具有的で、アテナも両性具有的です。アテナは、そもそも鎧《よろい》兜《かぶと》に身を固めて父親の頭から生まれてきたのですから、すごく強い。結婚というのは考えられなくて、アテナの周りに生きる男はみな従者、おつきです。ときどき、こういうのに近いような女の人、現実にもいると思いませんか。おつきの男を従えてるけど、結婚はしないという人。これに近いような人だと思うのですが。

面白いのは、日本人にいちばんわかりにくいのは、第三段階です。僕は日本人の夢を分析して、マリア像に近いのが出てくるのはめったに経験したことはありませんが、飛び越えて第四段階は出てきますね。だから、段階といっているのですが、そんなに都合よく順番に段階的に出てきてくれない（笑）。これが終わって、ハイ二番目、次三番目と、そんなわけにいかないと私は思います。でも、ユングがこういう段階について指摘したことは、知っておくべきだし、アニマイメージにいろいろなのがあるというのを知っているということは意味があると思います。

アニムスについても四段階書いているんですが、これはユングが言ったのではなくて、ユングの奥さんの、エマ・ユングが書いているんです。ユングはアニマイメージはわかりやすいのだけれど、アニムスはほんとうにわかりにくいと言っています。女の人でアニムスのことをほんとうにはっきりわからせてくれた人は、一人もいないとさえ言っています。しかし、奥さんからいわせると、それはユングが男だからであって、女のことがほんとうにわかっていないから、そういうことをいうので、女性からみればいえますよというので、ユングの奥さんが書いているのです。いちばん下が、力だったと思います。これも、ほとんど生物的に近いのですが、いわゆる力持ちというか、そういうのです。それから、二番目を忘れていて、次に言葉というのがありますね。最後はやはり、両性具有的なんです。最後は、意味だったかな。それでもうひとつ誰か、覚えてる人、いませんか。

男性 先生の本だと、「行為」とあります。

河合 あ、そうだ。第二段階ですね。

男性 はい。

力というのは、体力的に強いというので、低いアニムスと言っていいでしょう。それが行為になってくると、単に体力が強いとかではなくて、慈善事業に頑張っておられるとか、グングンやり抜いて社長になるとか、そういうわかりやすいものです。しかし、第三段階にいくと、行為よりも言葉になって、その人の言う言葉が非常に大事になってきます。自分を導いてくれる言葉、役立つ考えを示してくれる言葉を語る男性像です。それを越えて最後は、生きる意味、人生の意味を与えてくれる男性です。これらはエマ・ユングの説によるものです。もっと読んでみたい人のために挙げている、エマ・ユングの『内なる異性——アニムスとアニマ』という本がありますが、これを読むとそういうことが書いてあります。

他は文学的なものとか作品とかが多いのですが、ここに挙げているエマ・ユングの本だけは、少し理屈っぽい本です。理屈っぽく知りたい人は読んでみてください。そんなに読みにくいことはありません。

女性は下手すると、アニムスにいかれてしまって、アニムスの言葉でばかりしゃべるようになるんですね。そういう人、いるでしょう。「あなたのご意見はどうですか」と言うと、「いや、河合先生はこう言っておられるんですよ」とか。「お前は河合アニムスにやられているんじゃないか」と（笑）。それから、「うちの社長がこう言っている」、「私の主人は…」と言う人も、ときどきあるかもしれない。あまりないと思いますが（笑）。それが第四段階までくると、生きる意味ということになってくるから、あまりごてごて喋《しゃべ》ったり、主張したりしなくてもいいんで、その人がいるというだけで、その人を思うだけで、生きてる意味が感じとられる。鈴木大拙などはその典型でしょうか。

これも両性具有的になります。おわかりになると思いますが、すごく高くなってくると、男性性も女性性も両方もっていないと駄目です。そういう意味でいうと、小説を読んでいても、どのあたりのアニマやアニムス像のことを書いているのかなと思うと面白いです。『七つの人形の恋物語』で、ムーシュという女性の心の中にある男性像というのは一つではなく、たくさんあるのを通じて、結局は一人の男性を好きになっていくんだというところがうまく書かれていると思います。

3

次に『ねずみ女房』の話をします。

『ねずみ女房』は子どものための本なんですが、大人が読んでも、ほんとうに素晴らしい。それから、この本を手に取ってみられたらわかりますが、絵も素晴らしいです。絵と文が非常にうまくかみ合っています。

ねずみ女房って、もちろん、ねずみの女房で、結婚している。ねずみですから、ずっと同じ生活が続いているんですが、同じことが続いている中で、こんなことが書いてあるんです。ねずみのいろいろな肖像画が描いてあって、「もしねずみが、ひいひいお祖父《じい》さんや、ひいお祖父さんの肖像を描いてもらうとしたら、それは今のネズミさんの肖像と違わないでしょう」。ねずみのお祖父さんも、ひいひいお祖父さんも、ひいひいひいお祖父さんもみな、同じです。

人間は違うでしょう。私のお祖父さんといったら、だいたい着ているものが違いますからね。もっと上にいったら、ちょんまげ結ってるし。というふうにして、すごく違う。だから、人間というのは時代とともに変わっていくけど、ねずみはそんなに変わっていないんじゃないでしょうかね。と言ってどうですかね、あまり詳しくないのでわからないけど。聞いてみたらわかりませんよ。「いやあ、最近は大変ですよ」とか言ってるかもしれませんが（笑）。

その、変わらないねずみたちの中で、このねずみ女房だけは、ほかのねずみと違って、「いま、もっていない何かがほしい」と思うんですよ。今もっていない何かがほしいというのは、さっきの言い方でいうと、われわれの魂に対する希求というのに似てますね。お金もあるし、地位もあるし、名誉もあるし、家族もあるし、全部あっても、何かが足らないというのは、まさに魂で、このねずみは「何か足りない」と思っているんですね。

このねずみ夫婦はバーバラ・ウィルキンソンさんという独身女性の家に住んでいるんですが、家ねずみですから、その家にずっといるわけで、外の世界はなくて家が自分の世界です。昔の人間で、たとえば奈良に住んでいたら、奈良が世界と思ったりしていた。それがもっと広くなっても、日本が世界であって、他のところは世界でないと思ったり。中華民国や中華人民共和国というのはその名のとおりですね。真ん中が素晴らしい世界で、あとはみな変なのばかり住んでいると思う。それはまあ、あたり前とも言えますが、ねずみでいうと、自分の住んでいる家が自分の世界である。

ところが、このねずみ女房だけは、ガラスから外の世界を見ているんですね。何か違う世界がある。これ、すごく大事で、「ほかの世界がある」というのと、「魂がある」というのはすごく似ています。つまり、「自分の知らない何か。けれども、大事なことがあるのだ」ということです。

そうすると、ほかの世界の代表者としてだいたい異性が出てきます。恋愛している人は皆、そうだと思うのですけれど、自分のまったく知らない世界から出てきたというか、まったく知らない素晴らしいものをもっているというか、そういう感じがしますが、このねずみ女房も、どうも、ほかの世界があるというふうに思っているんです。面白いのは、夫のほうで、「お前は何を考えてるンや。どういうことを考えてる」と。ところが、夫の言うことはいいですね。「俺はチーズのことを考える」と言うんです(笑)。男ってだいたいそうですね。食べ物のこととか、地位とか名誉とか、そういうわかりやすいことを考えているんですが。おかみさんはチーズのことだけを考えてはいられないんですね。何かもっと違う、ぜんぜん違うことを考えている。

そこへ、ある男の子がキジバトを捕まえて、それをウィルキンソンさんのところへもってきました。キジバトがウィルキンソンさんのところの鳥かごに入れられてポンと置いてある。そこへねずみ女房が行くのです。もちろん、その中にいろいろなエサが入れてあるからで、自分はかごの中にすっと入れますから、そのエサを取りに行くのだけれど、エサだけでは満足できない。変な鳥がいるわけです。「見たことないヤツがいる。あれはどうも不思議だ。もう一回行きたい」と思うのだけれど、「あそこへはもう行かないほうがいい。何か恐ろしいものがいる」と思うんですね。これも恋愛した人にはわかると思うんです、「あれには近づかないほうがいい」とか、「あれはどうも、恐ろしいヤツだ」とか思うんだけれど、行かざるを得ない。行くと、実際に恐ろしいことが起こるんですが。

行くと、ハトが何も食べないんですね。ねずみ女房が「これを食べたらどうや」と言うけど、ぜんぜん食べない。喉《のど》が渇いているからと水をやっても、水も飲まない。どうしたのかといったら、「露がほしい」と言うんですね、ハトが。ねずみ女房は、露などぜんぜん知らない。どういうことかといったら、外の世界に行ったら、森に露があると、そういう話をしてくれるわけですね。

ねずみ女房は、自分の知らない不思議な世界がほかにあって、しかも、そこをハトが飛んでいたというんですから驚きます、「飛ぶというようなことがあるんだろうか」

と思います。このへんはほんとうに、異性と会って胸をときめかせて、異性の話を聞いたときとか、異性のことを思ったときの感じがよく出てますね。ぜんぜん自分の知らない世界にいて、手の届かないところにいて、どうも危ない、危ないけど行かざるを得ないという感じで行きます。行くんだけれど、夫は怒るんですね。

「なぜ、お前はそんなに窓のところばかり行ってるんだね。俺は気に食わん。ねずみねずみの女房のおるべき場所は巣の中だ。さもなくば、パンくずを探しに行くか、俺と遊ぶかするべきだ」と言う（笑）。男が「〜すべきである」と言ってるわけです。この「べき」というのは、だいたいペルソナとの関係で言われることが多いですね。子どもは勉強すべきであるとか、お前は何をすべきであるという場合に、だいたいペルソナの関係で言うんだけど、女房はそんな〝べきでないこと〟を知っている。つまり、違う世界がある、絶対に違う世界に心をひかれ、そこに行くのです。

ところが、雌ねずみに子どもが生まれるんですね。「巣にいっぱいになるほどの子どもを生んだんで、その世話で他のことなど何一つ考えられませんでした」。これも面白いですね。みなさん、どうですか。危ない恋愛をして、どうなることかと思ったけど、現実世界に引き戻されて、そのうちに恋心が消えていくことがありますね。ところが、この場合はそれでも消えない。そういうときもあるんですね。しかし、一時、現実世界に引き戻されて、忘れるところが書いてあることが非常に素晴らしいところです。

忘れたんだけれど、またフッと思い出して行く。するとハトは、「いつも来てくれたのに、なぜ来なかった」と言い、「いや、私も忙しかったんで」というような話をする。このところ、恋人の話と同じですね。そんなことないですか。「なぜ、お前、来なかったんだ」「あなたのことだけ考えてるわけじゃないわよ」とか（笑）。話をしているうちに、こんなこともありますよ。引用します。

「雌ねずみが家に帰ると、こんな話をするのは残念なことですが、雄ねずみは雌ねずみの耳に嚙《か》みつきました」と書いてあるんですね（笑）。子どもの本にここまで書くかどうか迷ったのでしょう、「残念ですが」と書いてるけれど、そうですね。ともかく事実は事実ですから。

雌ねずみは大変で、葛藤《かっとう》は最高に高まるんですが、結局、「ハトがあのかごの中にいるのは、やっぱりおかしいんだ。絶対にあれは外に出るべきだ」と考えます。そのために自分は何をしなければならないかというと、かごの留め金に喰らいついて、自分の重さで引っ張るから、扉が自然に開いて、ハトがサッと出て行くわけです。それはもう、「あっ！　あれが飛ぶということなんだ」と目の前でわかるのです。ここのところ、ほんとうに素晴らしいと思うのは「あれが飛ぶことなんだ！　わかった！」というのと、「ハトがいなくなる」というのとが一緒なんですね。

ハトをずっとかごの中に閉じ込めていたら、うれしいような気がするけど、飛ぶということはわからない。人間ていうのは、ほんとうに大事なことがわかるときは、絶対に大事なものを失わないと獲得できないのではないかなと僕は思います。何かを得るために何かを失わねばならない。失うのが惜しかったら、やっぱり獲得できない。しかし、その失うものが命だったり、幸福だったりするから、大変難しいんですが。彼女は飛ぶということがはっきりわかって、ハトが出て行くということになります。

そのあとが面白いんですね。そういうことをして、あとにねずみには、孫もできるし、ひいひい孫もできるし。住んでいるんですが、このねずみ女房は、「見かけはひいひい孫たちと同じでした。でも、どこかちょっと変わっていました。他のネズミたちの知らないことを知っているからだと私は思います」。

ほんのちょっと違うだけなんですね。たくさん違わないんですよ。たくさん違うものはお金とか地位とか、そんなのはずいぶんと違うんですけど。ものすごく大事なところはほんのちょっとの違いで、飛ぶということを知っているか、知らないかというだけなんですけど。それがものすごく大事なことです。しかも、面白いのは、皆にわかるんですね。「あのお祖母《ばあ》ちゃんは違う」「何が違うのかわからないけど、あれは違う」と、わかるわけです。

違わないのに、「俺はお前たちと違う」ということを言いたい人はどうしますか。威張るんです（笑）。「俺はお前らと違うんだぞ」と威張っているということは、いかに違いがないかということなんです。ほんとうに知っている人は何も威張らない。一緒に暮らしてるんだけど、皆が「違う」と思っている。何が違うのか、はっきりわからないけれどちょっと違うんですね。

このちょっとの違いがすごく大事だという話。それは、魂ということを知っているということでしょうね。魂のあることを知っている。魂の世界を知っているという、そういう意味で。しかも、それがやっぱり異性像を通じて、魂の世界がわかるということを、子どもの物語として書いたのですから、すごい人だと思いますね。

私はこれを読んでいて非常に感心したのは、異性と結婚するというのではなく、むしろ異性を自由の世界に放つことによって、自分が失うことによって叡知を獲得するというところです。男女の結合、男女が結婚するということを越えた話が語られているというところが注目に値すると思いました。

私がもう一つ思ったのは、独身のウィルキンソンさんという人の家で、このことが起こっているんですけど、このウィルキンソンさんはだいぶ年をとって、そろそろ魂が〝解放される〟。つまり、この世からあの世へ行こうとしているわけですが、その一人の女性が最期《さいご》に死を迎えるということと、この家の屋根裏でハトが解放されてあちらへ行くというのとが一緒に起こっているというところも、すごいと思いますね。もっと極端な言い方をすると、このウィルキンソンさんが、自分の生を見事に終えるために、ねずみとハトまで協力しているというか、どうも、僕はそういう気がしてしょうがないんですけどね。

私たちは自分はひとりで生きていると思っているけれども、「そんなことない。奥さんの力が大きいですよ」といったこともあるけれど、必ずしもそういうことではなくて、私の家にいる蛇とか蛙《かえる》とか、そういうのもみな協力して、全部が協力して私の生は全うされていくのだというふうに考えられないか。そうすると、やはり、魂ということはそう簡単なものではないのではないか。魂を抜きにすると、誰が僕のために食べ物を作ってくれたかとか、誰がお金をくれたかとか、そういうことばかり思うのですが、そんなんじゃなくて、というふうに思ったら、人間が生きていること、あるいは、人間だけではなくて、ねずみが生きていることも、ハトが生きていることも、全部すごくて、そういうのの、みんなのつながりとして魂があるということになりはしないか。ひょっとすると、魂というのは、魂と言われる限り、私があなた方とつながっているだけでなくて、木とも蛙とも何とでも全部、つながっているということになるのではないかという気がしてきますね。

そういう見方で魂ということを考える。東洋的な宗教は特にそうですね。きょう、川瀬敏郎《としろう》さんという、花を生ける人と対談したんですね。川瀬敏郎さんがおっしゃるには、「フラワーアレンジメントと、自分のやっている花を生けるというのは全然違う。まったく違うことをやっているんだ」というのです。フラワーアレンジメントは人間が花をアレンジしている。しかし自分がやっているのは、花も人も木も動物もみんな一緒で、一緒にいる中で、花の心と自分の心も一緒にして、それをちょっと立てるんだと。これが自分の考えている花を生けるということであって、アレンジして見るのと全然違うんだという話をされていました。これは言ってみたら、花の魂とか、人の魂とか、みんな一緒で、そこから何かが出てくるという、そういうやり方ですね。そういう感じがすごく出ていて面白かったです。

『ねずみ女房』の話は、そういうことを男女のあいだでも考えるというものですね。そういう意味で、女性の心の中にあって、何かわからない、何か足りない、何か自分と違う世界、よその世界のものをもっているというアニムスの姿、それが上手に書かれている。しかもそれが、一対一関係をまったく超えてしまう。まったく超えた関係にまでなってしまうというのに、洞察がありますね。相手を所有したいというのは話のはじまりで、所有なんか決して出来ない、相手の自由の動きを尊重しそれを通じて、より深いものに触れることが大切なのです。

ただ、アニムスに取りつかれてしまうと困るんですね。取りつかれると、何かあるとひたすら文句を言いたくなったりします。そうやって取りつかれたら困るということをユングはよく言っています。

ともかく男女の関係にはアニマ・アニムスのことが関連してくるし、アニマ・アニムスはやはり、たましいのイメージという側面もあるために、男女関係というものは二重三重の難しさがあります。アニマ・アニムスなどということとほとんど無関係に生きている人もあります。そのため外的にはかえって成功しているようなときもありますが、ふと、アニマ・アニムスのことを意識したり、その問題と直面することになると、途方もない悲劇や喜劇が生じることになります。

イギリスの文豪、デイヴィッド・ガーネットの「狐《きつね》になった夫人」は、ある夫人が突然狐になってしまうという奇想天外のアイデアによって、この夫、男性のアニマの問題を生き生きと描いています。そして、無防備にアニマとかかわることが、男性にとっては精神の病に陥る可能性があることを、そしてそれが望外な喜びでもあることを、見事に描いています。なおこの書物の原書房版には、ガーネットの「動物園の男」も所収されていて、これは女性にとってのアニムスの問題と思って読むと興味深い。どちらもまったく非現実的なことを述べているのですが、内界のことで言えば、自分のたましいが動物になっている人とか、たましいを檻《おり》に入れている人とかは、あんがい多くいるとも言えるので、この非現実の話が極めて現実的に思えてきたりするのも、当然と言えるでしょう。

4

その次に、もう一つ、非常に大事なので言わなければならないのが、漱石の『それから』です。これは、ご存じのように、代助という男性が三千代という女性に、ほんとうは心を引かれているのだけれど、平岡という自分の友だちが、三千代を好きになるんですね。代助は、やっぱり友だちだからというので三千代を平岡に譲ろうとします。

ついでに言っておきますと、『それから』は残念な作品だというので、『それから』

をもっと違う観点から書こうと思って書いたのが武者小路の『友情』です。これについては、僕は最近書いた『大人の友情』(朝日文庫)という本で引用しながらだいぶ論じていますので興味のある方はそちらも読んでみて下さい。武者小路は『それから』を読んで、『それから』の次というか、それを越えようとして書いたんですね。あそこにも男女の関係が出てきます。

さっきから言っていますように、魂の関係は非常に難しくて、下手すると人間も木も草も動物も、何もかも一緒という関係でいうと、ここで男と女と分けることがそもそもナンセンスなんですね。分けたらいけないんですから。だから、魂の関係とか、友情とかになってくると、何も分けないほうが東洋では理想になってくるわけです。そうすると、『それから』にあるように、代助は、平岡は友だちだから、平岡と自分は一心同体だと。だから、三千代という女性が出てきたって、自分が結婚するとか、自分と三千代の関係なんて考えずに、平岡が結婚してくれたらいいというふうに思ってしまう。このようなことは日本の文化の中ではわりと起こっていることです。

ところが、難しいのは、われわれは魂ものすごく大事ですけど、魂の世界にだけ生きているわけではないんですね。僕らは人間で、この世に生きているんで、この世の人間が魂のことを考えながら生きていくのはほんとうに大変なことです。先ほど言いましたが、『それから』だったら、代助は初めは、代助も三千代も平岡も平岡の兄さんもみんな一緒くたになって、誰が三千代と結婚しようとかまわないではないかと考えた。つまり、日本の昔ではあまり恋愛は高く評価されなかったんですね。

親と子の関係とか、主従の関係とかがものすごく尊ばれて、恋愛があまり尊ばれなかったのは、いま言ったような一体感的な魂の共有みたいなことをいい出すと、男女のことがあまり問題ではなくなってくるからです。だから日本人は、男女の関係というと、いやらしいとか、下品だとか、下級だと思って、主従の関係で主人のために命を失うとか、友情のために命を失うというと素晴らしいと思っている人が、昔は多かったと思います。いまでもそういう人がいますけど、それは東洋的なものが非常に強く作用しているからです。

ところが西洋の場合は分けるということをものすごく考えて、ドンドン区別していく中で、区別された個人としての男と女が合一するという考えですね。これがどんなにすごいかということで、先ほど言いました、ロマンチックな愛というものが非常に大事になってくるわけです。

代助は初めは東洋的に生きていたのですが、だんだん成長してくると、やっぱり、「いや、そんなことはない。三千代という女性と自分は愛し合うべきだ」というので、西洋的な愛ということが意識されてきます。これはさっきから言っているように、ペルソナからいうとムチャクチャですね。ペルソナからいうと、漱石が的確に書いているように、代助は親の言うように見合い結婚したら、財産も、地位も得られます。それが、三千代と結婚するなんて、道徳的にいっても、人妻を奪うわけですから、すごい難しい問題になる。そのペルソナと魂の葛藤みたいなものは、『それから』の中に詳細に書かれていますね。最後にそれでも代助は、もう三千代と結婚することを決めて、最後は悲劇的というか、代助はそのあとどうなるんだろうというところで終わりになります。「やってもいいけど、大変だぞ」というところで終わるんです。それだけでは残念だったので、漱石は次に『門』というのを書くわけですね。

『門』は、皆さんご存じのように、いわば代助的な行為をして、結婚した二人の人間が、周りのことを考えながらどんなふうに生きているかということを書いている作品です。このあいだ読んでいて面白いと思ったのは、もっと読んでみたい人のためにということで次回に取り上げる、茂木健一郎の『脳と仮想』という本です。ここに急に脳の話が出てきてビックリするでしょうが、この茂木さんが、面白いことを書いています。

茂木さんは、『それから』の主題の前に『坊ちゃん』があると書いているんですよ。

『坊ちゃん』には、ご存じのように「赤シャツ」というのが出てくるでしょう。赤シャツがうらなり先生の恋人、マドンナを取り上げるところがありますね。あれは、あまり主題に入っていなくて、坊ちゃんの行為が中心的で、みんな坊ちゃんのことばかり考えているんだけど、夏目漱石は『坊ちゃん』について語ったときに、「俺はあの赤シャツだ」と言ったらしいんですね。坊ちゃんと同一視しているんではなくて、自分がいちばん近いのは赤シャツだと言っているんですよ。それを茂木さんは取り上げていて、他人の男女のペアを壊してまで自分の好きな人を取りたいというテーマは、すでにもう『坊ちゃん』から出てきていると書いているんですね。そして『それから』になって『門』になって、『こころ』へとずっと続いていくでしょう。そう思うと、漱石はすごくそのことを考え続けていたんですね。

ところが、これについて、加藤典洋さんという方——この人の書かれるものも面白いことが多くて好きなんですが——が、こういうことを書いているんです。「漱石は、してはならない恋をして、他人から女性を取り上げたりして、あとでものすごく苦しんでいる男の姿ばかり書いている。すぐに、誰もが思うのは、漱石はそんなことがあったのかと、誰か人妻と恋をして、密《ひそ》かに逢《あ》っていたことがあったのかと思って調べるけど、そういうのはほんとうは馬鹿《ばか》げている」というわけです。加藤さんの解釈は面白いですね。漱石が無理をしてでも取ろうとした女性像は、それは西洋の文化を表わしていると。

日本人として生きていた漱石がロンドンに留学して、西洋の個人主義であれ、西洋のロマンチックラブであれ、何であれ、西洋のものをものすごく好きになって、自分はドンドン西洋化していく。けれど、「ほんとうは自分はこれをしていいのだろうか」ということを感じる。「自分はほんとうはこんなことをしていてはいけないのではないか」という、ものすごい罪悪感があったのではないか。そういうふうに漱石の書いていることを読むとよくわかるというんです。

これは僕の言っている魂という言い方とつなげてみるとわかる気がしますね。西洋の魂というのに引かれていくんだけれど、これは日本人としては罪ではないかという、その葛藤の中をずっと漱石は生きた、そう思うと、漱石の作品を読んで、何度も出てくる男女のあいだの葛藤は、単純な男女のことを越えている。しかし、現実の男女のことを超えているということは、魂の次元になっていくのであって、男女のことではあるけれども、魂の次元で漱石がこういうことを追求して書いていたというふうに読むと、よくわかりますね。そう思って読むと、『道草』までそんなふうに読めるのかなと思っているんですが、これはなかなか面白い解釈だと私は思いました。

『それから』に書かれている男女のことを、今、加藤さんが言っているような線で読んでいくと、現代のわれわれにとっても非常に大事なことを漱石は書いているんではないかな、という気がします。

そんなふうにいろいろな読みができるのは、やはり男女ということの不思議さなんです。ところが、さっきも言いましたが、男女の関係に、魂ということが関わってくると、恋愛至上主義という言葉が出てくるぐらいで、僕らの若いころはそれに近かったですね。恋愛はいちばん素晴らしいというぐらいに思っていたんです。ところが、恋愛至上主義というけれど、すごく面白いのは、西洋のロマンチックラブは、もともと男女のあいだに肉体関係があってはいけないということが前提なんです。

なぜかというと、このことに魂が関係してくるわけですから、精神性がすごく大事になってきます。いかに精神性が大事になっても男女は好きになる限り肉体的にも結合したいと思うけれども、肉体的な結合を止められているために、ものすごく苦しむんです。その苦しみによって鍛えられて、男も女も精神的に成長するという考え方がロマンチックラブの根本です。だから、中世の騎士物語などはみなそうでしょう。アーサー王伝説の円卓の騎士でランスロットとか出てきますね、王妃と恋愛し王妃のために命をかけて闘うんだけど、絶対に肉体関係があってはいけない。

ところが、それがだんだん近代になってくると、そんなバカなことがあるかということになってきます。そんなに好きなのに、禁止するなんてそんなバカなことはないというので、愛し合っている二人が結婚して家庭を作るのが当たり前になる。しかしこんなすごいことはないと思ったのが、失敗の始まりです（笑）。そうではないですか。自分の周囲を見てもわかるでしょう。愛し合う二人が結婚して、あとで不幸になったり。自分は不幸になってないけど、周囲を不幸にしたり。そんな人がたくさんいますね。なぜかといったら、魂の次元を生きることはものすごく難しいんですよ、よっぽどよく考えて生きてないと混乱してしまう。

ですから現代では、男女のあいだに肉体関係の禁止があってその禁止と闘いながら生きるということがなくなって、「そりゃ、好きなものは結婚したほうがいいやないの」となってしまった。あまりにも簡単に男女が結合しやすくなったために何がわかったかといったら、「男女の関係なんてあんまりたいしたことないやないの」というのが、みんなわかってきた。だから、恋愛などということは別に至上でも何でもないし、うっかりそんなこと言い出すと、話がややこしくなる。だから、さっき私が言いましたように、映画でも、うっかり恋愛など描かずにおこうということになってしまった。そういうのに触れると主題がボケてしまう。やっぱり、蛍をどうしてよみがえらせるかが大事であって、先生同士の恋愛というようなバカなことは止《や》めておこうということになってくる。そんなふうにして日本の映画はだんだん恋愛を描かなくなったんですよ。

だんだん描かなくなったときに、急に出てきたのが、「冬のソナタ」。あれはもう、恋愛も、恋愛、ド恋愛みたいのが出てきて、日本の特に中年以上の女性はボーっとなったんですね。どういうことかといったら、現実の恋愛とか結婚とは異なり、人間の「心の真実」としての恋愛という言い方をするとこれは未《いま》だにすごいことなんです。それを「心の真実」と実際に結婚してどう生活するかというのとをゴッチャにしてしまうと、「恋愛なんて。男と女が好きになってもたいしたことない」と思ってしまう。日本の映画などがそこから遠ざかったときに、急に「冬のソナタ」が来たんで、日本の女性たちはそれにボーっと惹《ひ》かれる人がたくさん出てきたのですね。

だから、私は「心の真実」ということを考えて作品を書く必要があるので、日本の映画ももう一回、恋愛に取り組んだらどうかと思うのです。「冬のソナタ」に負けないような、「春のアナタ」でも作ったらどうですか（笑）。こうやって冗談を言うから、誰も本気にしないんですが、真剣に考えてもいいことです。

男女関係というのはほんとうに難しい。ものすごく難しい。下手したら、いま言ったように、ぜんぜん面白くないし。うまく書けば、まさに天国にまで高まっていくし。という中で、いろいろな作品があるわけです。

5

さっき言いました『ロミオとジュリエット』などは、そこが面白いので、純愛的なものと、セックスのこととが共存して平気で書いてあるのは、すごいと思います。『それから』の場合は、男女のことを書いているようだけれど、加藤さんが言っているような読み方したら、また興味が湧《わ》く。男の心の中にある魂の表現としてのアニマ像となると、ヘルマン・ヘッセ『荒野の狼《おおかみ》』というのは、その典型です。これもぜひ読んでください。残念ながら、最近はこういうのを読む人はすごく少なくなったんですね。僕らは若いときにほんとうに心を躍らせて読んだものでした。

ヘルマン・ヘッセという人は、厳格なプロテスタントの家に育った、ものすごいカタパンの人（堅物）だったんです。これも日本人はあまり知らないんですが、西洋の、ヘルマン・ヘッセのような階級の人で、家の厳しいところは男女関係にもものすごく厳しいんです。今でもアメリカの厳しい家で育った子で、高校生になって日本に来て、日本のテレビを見られない子がたくさんいます。日本のテレビではすぐにキスしたりすぐに抱き合ったりするでしょう。ああいうのはみんな見ないのです。ともかく手でパッと目を隠すぐらい。

それを日本人は知らない。というのは、さっき言いましたね、男と女の間にはすごく厳しい一線があって、それだからこそ、男女の関係とか恋愛とかいうのが、輝かしいものになるということを、欧米の人たちは長い伝統の中で知っているわけですよ。そういったことがいまでも残っていると思いますね。日本はその点、今やえー加減になり過ぎて、若い人たちが不幸になっているような気がします。

それはともかくとして、ヘルマン・ヘッセなどはものすごく堅い家にずっと育ってきて、四〇歳ぐらいになってやっと、女性は素晴らしいということに気がつき出すわけです。ヘルマン・ヘッセはものすごいノイローゼになります。すごいノイローゼになって、じつはユングのところに治療を受けにくるんです。ユングは断ります。なぜかというと、ヘッセのような人をユングのような人間が分析すると、お互いの人格の影響が起こり過ぎてヘッセの作家活動を妨害するだろうと。だから、分析を受けるなら弟子のところに行ったほうがいいというので、ユングの弟子のラングという人を紹介するんです。

そのラングに分析を受けながら、ヘルマン・ヘッセはだんだん変わっていく。それを基にして書いたのが『デミアン』（新潮文庫）です。そのころのユング研究所には、ユングクラブというのがありまして、分析を受けた人たちが集まっていたのですが、ヘッセはついに女性とダンスをしたりするようになるんです。あたり前みたいに思うでしょうけど、それがなかなかヘッセにはできなかったのです。グノーシス学者のクィスペルがユング研究所で講義をしたのを聞きましたが、ヘッセがダンスをしてどれほど感激したかという話をしていました。そういう体験を基にしてこの『荒野の狼』が書かれています。

ほんとうに、女は怖い、女には近寄らないほうがいいという、そういう感じと、逆にどんなに素晴らしいかという体験が、西洋人の男性にとってのアニマ像として書かれている意味では、『荒野の狼』は一つの典型と言っていいぐらいではないかと思います。そういう意味でヘルマン・ヘッセのこの作品は読んでほしいなと思います。

それが日本へ来ると、女性像も相当に変容します。女性もなにやら恐ろしいというか、この女性の導きでいく限り、ドーッと恐ろしい世界に吸い込まれていくのではないかしらんという感じを描いていて、『砂の女』なんてのはすごい話ですね。傑作です。女性はものすごく魅力的で大事なんだけれども、下手にひっついたら砂の中に埋もれてしまう。破壊性があるんです。これはアニマにしろ、アニムスにしろ、どっちもそうです。下手に近寄るとものすごい破壊性があります。『砂の女』は、そういったところを書いていて、すごい女性像だなと思います。これが映画になったときに、西洋の人が喜んだのは、西洋人にはなかなか知りようのない女性像が描かれていたからです。「そういうのもあるのか」というわけで、みんなビックリしたんだと思います。

村上春樹さんの『ねじまき鳥クロニクル』では、ふとある日、パッと奥さんがいなくなるんですね。これは現代という状況をピッタリ描いていて、すごいと思います。何か災難が起こってとか、何かのことがあってというのではなくて、「ふと気がついたら、もう魂は失われていた」というわけです。これは、まさに世界中の先進国人たちの状況ですね。魂を回復するというのが、どんなにむずかしいか。さっき言ったように、単なる恋愛ということは、いまはなかなか魂の回復にならなくなってきているんですね。といって、そうしたら、異性なんていうのは、放っておいたらいいかというと、そんなことはない。ものすごく大事です。ものすごく大事なんだけれど、知らぬ間に消え去っている。

そうすると、失われた魂を回復するためにそうとうな努力がいるわけですが、そういう中で、ものすごく暴力的な世界にどうしても直面していかなければならない。それが現代です。現代の世相を見ていられたらわかると思いますが、いろいろなところで変な殺人が起こったり、ものすごい暴力事件が起こったりしているでしょう。人類は賢くなったと思っているのに、戦争したり、途方もない殺し合いをしなければいけなかったりしますね。だから、人間の心の中の、魂の領域に近づくということは、すごい暴風雨圏というか暴力の世界にも直面していかねばならないということです。『ねじまき鳥クロニクル』を読むと、それがすごくよくわかります。そういうふうな現代人の生活における魂というものを異性像に求めていく場合のむずかしさ、すごさ、それがよく書かれていると思います。

『ねじまき鳥クロニクル』は、世界中で読まれていますね。日本だけではなくて。世界のベストセラーと言ってもいいぐらいではないですか。このあいだ僕はロシアに行ってきたんですが、ロシアでも村上春樹は大変によく読まれていて、いま、いちばん読まれているんじゃないかと思います。ロシアの文化大臣と話をしていて、僕が『村上春樹、河合隼雄に会いにいく』という本があるんですよといった途端に、「あの村上春樹の知り合いなのか」というのですごく僕は尊敬されましてね（笑）。『ねじまき鳥』はドイツでも読まれているし、韓国でも読まれています。世界中で読まれているというのは、現代人の魂の問題を実に適切に取りあげているからではないかと思います。

質問　前にアディクションの本を読んで、成育歴の関係で、特定のタイプの異性にすごくひきつけられて失敗してしまうというようなことを読んだのですが、それも魂の異性像なのか、もし違ったら、どうやって見分ければいいのか教えてください。

河合　異性像が魂を表わしているというのは、普通に考えて「よい」とか「悪い」とかということを超えてしまっているというところが大事なんですね。だから、自分に非常にひずんだものがあれば、ひずみに相応するようなひずんだ人が出てきてあたり前です。普通の人を好きになるはずがありません。だから、それは広い目で見たらすごく意味があるけれども、常識的な世間の関係でいうと無茶苦茶ということになるでしょう。何も、魂の顕現だから「よい」なんていえないし、何度も言ったように、すごい危険性があります。

私は仕事柄そういう人たちに会うことが多いわけでして、いつも思うのは、そういう人が選ばれる相手の方というのは、相手も相当な経歴を持った人です。もちろん、その二人がほんとうに愛し合ったら、これは素晴らしいです。恋愛によって癒《いや》されることはありますからね。しかし、その一方でそうなる前に破壊性もすごい強いといえますね。恋愛というのは、そういう点で難しいものです。恋愛は誰でもできるけれども、恋愛をほんとうに完成させていくというのは、すごく大変な仕事だと思いますね。このごろは完成させてしまう前に結婚できてしまうので、ほんとうに困るんです。完成させる前に体の関係が先にできてしまう。それで関係ができたように思うでしょう。「彼女と関係ができました」って言いますね。しかし、ほんとうの関係はできてないんですよ。体がひっついたというだけの話です。それで錯覚を起こすから、せっかくの恋愛が実りあるものになっていかないというのが、現代のものすごく難しいところです。

質問　女性の中にある男性像と、父親の関係とはどういうものですか。

河合　絶対とはいえませんが、やっぱり何といったって、女性が自分の心の中につくり上げる男性像の一つの元になっているのはお父さんです。男性の場合であれば母親です。ただ、男性における母親ほど、女性における父親はアニムスの形成に関係する強度は弱いです。それでもやっぱり親はすごく大事ですね。親とアニマ・アニムス像は絶対にイコールではありませんが、相当大きい要素です。だから、自分がお父さん大嫌いで、あの親父《おやじ》から別れるために早く結婚しようと思って選んだ人がお父さんとそっくりということは、よくあることです（笑）。ほんとうに不思議ですね。だから、やっぱり、自分と父親の関係、自分と母親の関係とか、それも相当、吟味していかないといけないですね。根本的にそれが土台になるんではないでしょうかね。そう思います。

Ⅳ 心——おのれを超えるもの

まず読んでほしい本

E・B・ホワイト『シャーロットのおくりもの』（さくまゆみこ訳）あすなろ書房

C・G・ユング『ユング自伝——思い出・夢・思想』（1、2）（河合隼雄他訳）みすず書房

大江健三郎『人生の親戚』新潮文庫

ルドルフ・オットー『聖なるもの』（華園聰麿訳）創元社

上田閑照・柳田聖山『十牛図——自己の現象学』ちくま学芸文庫

もっと読んでみたい人のために

司修『紅水仙』講談社文庫

白洲正子『明恵上人』講談社文芸文庫

ノーバート・S・ヒル・ジュニア編『俺の心は大地とひとつだ』〔シリーズ　インディアンが語るナチュラル・ウィズダム〕（ぬくみちほ訳）めるくまーる

中沢新一『対称性人類学』講談社選書メチエ

茂木健一郎『脳と仮想』新潮文庫

1

最後は「心——おのれを超えるもの」という題にしています。結局、自分の心の奥深くに入っていくと、自分の知らない世界、しかも、それがほんとうに自分を超えている、自分のことでありながら、自分を超えているという、その感じがすごく強くなるわけです。

そういうことを自分も体験し、そのことを非常に大事にして発言したのがユングなんです。だから、僕はユングの心理学が好きで、いろいろ勉強してきたと言えます。これまでは、あまりユングの本は取りあげませんでしたが、最後にユングの本を取りあげることにしました。

これはユングの自伝です。僕は何回読んでも感心し、読むたびに「すごいなぁ」と思います。ユングは自伝を死後出版するようにして、生きているあいだには出しませんでした。いろいろ問題になることもあるし、思い切ってものを言ってますので、生きているあいだには出さなかったのですね。

たしか最初に、「私の一生は無意識の自己実現の物語であった」というような言い方をしています。ユングにとって、前から言っていますように、自分の無意識の世界にあるものがだんだん実現され、それを生きることが自分の一生だったと言うのですね。

自己実現というのは、セルフ・リアライゼーション（Self-realization）というのですが、これは面白い言葉で、一般的にいうと、リアライズは「理解する、知る」という意味もあるんですね。「私はそれを、理解できなかった」というときに、「I didn't realize it」というふうに使う言葉です。またこれは、「実現する」「経験する」という意味もあります。この両方の意味があるところがすごいですね。

たとえば、僕が水を飲むという行為をするときに、これ（＝コップ）がカラであることを知らなかったときは、カラなことをリアライズしなかったと言います。そして、カラであるために、水を飲むことをリアライズできないことになるんですが。水を入れて、これが水だということがわかっていて飲みますね。そのときに、「私は、水を飲むということを、ほんとうに体験しただろうか」と思い出すと、だんだん、怪しくなってきますね。水とはいったい何だろうとか、飲んだ水はどこにいっているのかとか、考え出すと大変です。そう考えると、一挙手一投足、すごく大変なことで、しかも、それを言葉で表現しようと思ったら、すごく難しいことだけれど、われわれは普通は「この水を飲みました」と言ったら、もう、わかったような気になるのが非常に恐ろしいところなんです。

というのは、「私が水を飲みました」というときに、ここで飲んでいるのと、砂漠で喉《のど》が渇いて、急に水があって飲むときと、最後に死ぬときに末期《まつご》の水を飲むときと、みんな「水を飲む」と言っているんですが、ものすごく違うでしょう。それをどこまでほんとうに体験したのか、どこまで言葉でいえているのかなどと言い出しますと、一つ一つのことがすごいことになってくるんです。ただ、それをあんまり思うと、うっかり水も飲めなくなりますね（笑）。「こんなんでいいんだろうか」「これぐらいでいいだろうか」とか。

で、そういう人が実際におられます。われわれのところに相談に来る人がそうですね。なかなか水が飲めない。あるいは、息を吸うなんてことがものすごく気になる。

それから、私がお会いしていた、今でいうと統合失調症、昔は精神分裂病といってましたが、その方が大分回復されて、「ありがとうございました」と別れるときに、「先生にお世話になったから、自分が発病したときのこと、ちょっと話しましょうか」と言われるので、「どうぞ」と言ったら、学生さんだったんですが、寮に入っていてみんなと一緒に勉強してるときに、ホッと見たら、机そのものが見えてきたと言うんです。

そう言われると、僕ら、「机そのもの」なんて見たことないですね。「机というもの」を見てるんです。だから、皆さんだって安心でしょう。机というものを見て、「椅子《いす》というもの」に座っているけど、「椅子そのもの」の上に座っていると思ったら、何事が起こるかというか。「私は机そのものを知ってるだろうか」などと考えると大変です。その人は机そのものが見えてきたんで、ものすごい体験をするわけですね。それをみんなに言おうと思うけれど、言えないわけです。

何のかのと言うのですが、皆は、「おまえ何言うとンねん？」ということでしょう。「机が、机が」と言うと「そら机やないか」と言うだけです。あまり腹が立つから、机をボーンとひっくり返して、皆に怒鳴ったら、お医者さんが来て連れて行かれたと（笑）。それを普通に言うと、要するに「アレは気が狂った、わけのわからんことをする」ということになる。けれど、その人に言わせたら、「皆は見てないけど、机そのものを僕は見たんだ」という体験をしているわけですね。

そういうふうに言うと、僕らは、「体験する」と言うてるけれども、「……というもの」とつくのが多いと思いませんか。恋人という人と話をしてみたけど、恋人その人と話をするのは大変ですよね。水でもそうだし。「そのもの」なんていうのは恐《こわ》いから、人間というのは「というもの」だらけで生きているんですよ。これは非常に残念で、やはり、もうちょっとリアライズしたほうが、と言いたいけど、うっかりリアライズすると大変なんです。しかもその上に、自分の知らない世界っていうのがあるわけでしょう。無意識の世界が。そこからいろいろ出てくるものを、実際に実現するとなると、大変になるわけです。

ユングという人は、ほんとうに大変な状態になるんですね。なったのは、三〇歳代です。そのころフロイトと袂別《べいべつ》したのですね。そのときにユングに言わせると「方向喪失」の状態になるのです。

ユングはフロイトと知り合いになるのですが、フロイトはそれ以前に精神分析に関する考えを発表していました。しかしいろいろ事情があって、フロイトは大学の教官でもないし、ユダヤ人だというのでアカデミズムの世界で認められてはいませんでした。ユングは大学にいて、将来、教授になることを約束されているようなすごい地位にあったんですが、フロイトの本や論文を読んで「いや、これはすごい」というので、ユングはわざわざフロイトに会いに行くんですね。一九〇七年三月三日のことです。二人は意気投合して、一三時間喋《しゃべ》りあったそうです。次から次にね。そして、「よし、二人で精神分析ということを世に知らせよう」と、腕を組んでやり出すんですが、これは最近の僕の『大人の友情』という本にも書いてますけど、人間、ものすごく意気投合すると、よく起こるけど、フロイトにすると、ユングは自分の言うことは全部わかるし、何でも言う通りすると思い込んだんですね。ところが、ユングのほうは若いから、フロイトが好きで一緒になったけど、自分は自分で独立で、フロイトと同じことを言わなくても、違うことを言ってもいいのではないかという考え方だったんですね。

そうすると、一緒にやっているんだけど、ユングはフロイトの気に入らないこと、つまり、フロイトと違う説を言うわけです。そうすると、フロイトはだんだん腹が立ってきて、二人のあいだは険悪になってきます。このへんのことは詳しく言うときりがないですけど、ともかくそれで、ユングはフロイトから別れていったんですね。

フロイト側からすると、「裏切りやがった」ということになるわけです。つまり、「俺の言うとおりにすると思ったのに」と。だけど、ユングに言わせると、「こうでもしないと、自分は生きていけない。フロイトの思うままになりたくない」ということですね。

離れたものの、ものすごい不安感に襲われますね。つまり、自分の指導者、親父《おやじ》とも思える人にめぐり会って、一緒に行こうと思ったけど、そこから離れたんです。すごい不安状態になっただけでなくて、そのときユングの体験したことがこの自伝に書いてありますけど、幻聴とか幻覚とかに襲われています。いま、普通に皆さんが、たとえば、ユングが体験したような幻聴や幻覚を体験されて、お医者さんへ行かれたら、統合失調症という診断をつけられると思います。

ユングは統合失調症ではないけど、統合失調症とほとんど同じ症状が出てるんですね。同じ症状が出ていながら、ユングはちゃんと社会生活を普通にやっていたところがすごいんですけど、普通だったら、それもできなくなるぐらいでしょう。

実際、聞こえないのに声が聞こえてきたり、幻影が見えてきたり、すごい体験を書いています。それをユングは必死になって乗り越え、いろいろ研究して自分が経験した妄想や幻覚は、実は昔の世界の宗教書に書いてあるのと類似のものが多いことを知ります。だから、非常に深いところの体験は人類共通にあるんではないかということがだんだんわかってきた。そして「自分はそれを体験したんだ」ということを知ったんです。そして、心が落ち着いてきたときに何か知らないけれども、絵を描きたくなるんですね。図を描いていると心がすごく落ち着くんで、図を描いていたんです。ユングの描いた図は出版されて、見ることができます。

そういうのを描いていてユングは、自分はなぜこんな絵を描くと落ち着くんだろうというのが、不思議だけれど、何ともわけはわからなかった。自分がよくなって、統合失調症の人の心理療法をしているときに、患者さんたちがよくなってきたときに「絵でも描いてみませんか」と言ったら、ユングが描いたのと非常に似たような絵が出てくるわけです。

深い体験をした人が治っていくときの絵というのは、円形とか十字とかいうテーマで、絵がいろいろ出てくるんです。よく似ている。不思議だなと思っていたら、ユングはチベットの宗教で曼荼羅《まんだら》というものがあると知るわけです。チベットの宗教でお坊さんが瞑想《めいそう》するときに、瞑想して自分の心に安定して深く下りていくときに見る曼荼羅図だということがわかったのです。

それでユングはものすごく喜びます。ユングはそれまでヨーロッパの学会では一切発表しなかったんです。しても誰も相手にしないから。そんなこと言っても、「何をお前バカなこと言ってるんだ」と言われるだけだから。自分は患者さんに会って、患者さんが描けるようになってよかったなと思っているけど、そんなことを発表しても誰も相手にしない。自分は孤独だと思っていたら、何のことはない、東洋ではちゃんとやっているじゃないか。それが曼荼羅図だとわかったんです。

だから、世界共通にそういうことがあり得るのだとわかって、一九二九年に「曼荼羅図形について」という論文を発表します。ユングの体験はもっと以前ですが、ずっと黙っていて、とうとう一九二九年に発表しますが、ほとんど注目されませんでした。皆、「何を言うてるの」という感じでした。

面白いことに、ユングの言っている曼荼羅が一般に注目されるようになるのは、一九七〇年代、ユングが死んでからです。どうしてそういうことが起こったかというと、その頃、ベトナム戦争が機縁になって、アメリカで、それまでのキリスト教・欧米中心主義の世界観に対する反省が起こり新しい世界観を見出《みいだ》そうとする気運が高まりました。そのときにユングの考えが役立つことに人々が気づき出したからです。このことについて次にお話をしたいと思います。

西洋の近代社会において非常に大事なことは、何といったって強力な自我を確立することでした。つまり、私という人間が自分を確立していくためにはいろいろな知識を獲得し、ちゃんと現実認識もできないといけないし、判断力もないといけない。そうして、他と区別される自我を確立して、しかも、強い自我をもたないと商売でも儲《もう》からないし、発明発見もできないというわけで、このことを一生懸命になってやってきました。

また、自然科学が発達してきますと、神様に祈ったってうまくいかなかった――たとえば、ペストが流行《はや》るからといって神様に祈っても全然うまくいかなかったというような——ことが、ちゃんと科学的に研究しペスト菌のことがわかってくると、人間の力でペスト菌を予防できるようになる。そして社会全体が、そのようなことを可能にする強い自我を確立することにものすごく熱心になります。そして人々は、それで何でもできるのではないかと思うようになります。

しかしフロイトやユングは、ヨーロッパで近代合理主義的な考え方が大きな影響力をもちつつあった二〇世紀の初頭に、自我の知らない無意識の世界というのがあって、それを探索することが大事だと言いはじめました。そして、ユングはそういう探索をして、無意識的な世界も、自我も全部ひっくるめての人格の統合が大切と考えます。その統合を図式的に表現すると、それが先に述べた曼荼羅になることがわかったのです。

ユングがわかったのは、西洋の近代というのは自我の強化を一生懸命にやってきたけれども、東洋の人は、自我にはあまり関心がなく、もっと深いところで心全体を知る方に力を注いできたということでした。だから、曼荼羅のことを、昔から東洋人はよく知っていたが、西洋人は、そういうことをあまり知らないまま来てしまった。しかし、人類共通には曼荼羅のようなものがあるんだと考えたのです。

面白いのは、ユングがそういうことを研究するのに至る道として、いまでいう統合失調症、つまり精神分裂病の人たちの治療に力をつくそうとしたことが大きいんですね。普通の人たちはそういうことをあまり意識しませんからね。「机そのもの」なんて、普通の人は見ないですからね。皆さん、うっかり見えたら大変なことになりますから、見ないようにしてほしいですが(笑)。

そういう深い体験をした人たちは、西洋の社会では病気だということになってしまう。ユングは、そういう病気の人を治していくあいだに、単に病気を治すのではなくて、「その体験にこそ意味があるのだ」と考えるに至ります。そうするうちに、何のことはない、そういう体験については東洋人のほうがよっぽどよく知っているではないか、ということがわかってきた。ただし、東洋人は逆に、無意識の世界に入る体験がうまくでき過ぎたおかげかどうか知りませんが、自我を強化するほうはあまりやっていないということがありますね。

だから、ユングはそういうことをよく書いています。東洋の文化はすごく豊かな内面生活をしているけれども、外的には貧困なことが多い。とくに、その当時のことですからね。インドに行ってもそうですね、ものすごい貧困です。けれど、インドの文明そのものはすごいですね。あるいは、ユングは、当時、アメリカインディアンといわれていたアメリカの先住民を訪ねて行って、すごい文化だと言って、「アメリカ大陸の野蛮人は白人だ」とはっきり書いています。「ほんとうの土に根ざした文明の中に生きているのはこの人たちである。それは顔を見たらわかる」というんですね。アメリカ先住民の高齢者の顔を見ると、ものすごくいい顔をしている、落ち着いている、と。ところが西洋に帰ってみると、年寄りは猛禽類《もうきん》みたいな顔をして、「どこで儲けたろか」というような顔をしていると。顔だけ較《くら》べても負けているのは、要するに、あちらのほうがホンモノだというんです。それを一九二〇年代に言っているんですからね。そんなこと誰も問題にしなかったですね。「ユングというよっぽど変わった人間がスイスにおるわ」ぐらいに思われていたのです。

ところが、一九六〇年代、七〇年代になって、アメリカ人はベトナム戦争という大きな体験をします。アメリカの一般の人たちはベトナム戦争のときに、自分たちは正しくて、正義のためにベトナムに攻め込んで、「アメリカほど武器もたくさん持って、何もかも持っている国はないのだから、勝つはずだ」と思っていた。でも勝てないんですね。勝てないどころか、アメリカ人は相当大変なことをベトナムでやっている。そういうことにアメリカ人自体が気がついてきたんです。「何かおかしい」と。

何かおかしいということ、つまり、自分たちの生き方や考え方に反省すべき点があることがわかったのです。その上、ベトナムに行った兵士たちが、自暴自棄になったりして、マリファナとかアヘンとかに手を出した。それによってものすごく不思議な体験をする。これまでの強い自我によっては理解できない体験をしたんですね。薬を飲んだら全然違う世界に入っていけるというので飲むのだけれど、飲んだ体験が何のことかわけがわからないのです。そう思って困っているときに、「自分たちが薬に頼って入り込んだ深い世界についてユングという人が既に書いている」ということがわかってきたんです。それで急に一九七〇年代にユングの本が読まれるようになりました。

そのころから、やはり自我を強化するだけでは駄目で、無意識の世界との折り合いをつける、あるいは無意識の世界にあるものをどう生きるか、つまりリアライズするか、それをいかにして知り、経験するかというようなことが問題になってきたわけです。それに対してユングはユングの考え方で、「自我」と「無意識の世界」といったけれども、自我というのは心のなかの自分が意識して得るものの中心だと思っているけれども、心全体では自我も知らないような、自我を超えたすごい中心があるはずだと考えていました。それをユングはドイツ語でゼルプスト（Selbst）といって、何と訳すかが難しいのですが、いちおう「自己」と訳しています。

人間は自分の知っている限り、自分は自分のことをわかっていると思っているけれども、それを超えて、もっと全体としての中心、自己があるのだと。その自分も知らないような自己をいかに実現するかというのがその人の一生なのだとユングは考えたのです。そしてそういった考え方で、来た人にお会いするし、自分もそういう考え方で生きぬいた、そういう人です。

ごく簡単にまとめてしまいましたが、そういうことがこの自伝に書いてありまして、これはほんとうにすごい本だと僕は思います。アメリカの先住民たちに会ったときのことなども書いていて、そのとき、ユングがどんなに感激したかがわかります。それにしても、そういう深い世界を夢に見る才能のある人というか、要所要所でちゃんと夢を見て、それを自分で考えて生きてきたすごい人です。

そういう意味で、私にとってはこの本は他と比べられないほど大事な本です。ユングの『自伝』には以上に述べたような「己を超えるもの」の体験が、具体的にいろいろと書かれています。そして、ユングは、西洋人でありながら東洋の宗教のこともよく理解すると共に、キリスト教徒としての自分の考えも踏まえて、「自分はそのような体験を直接に特定の宗教に結びつけて説くことはしないけれども、自分がしたような体験は、広い意味における宗教体験と考えられる」として、それが彼の心理学にとって極めて重要なことであると主張しました。

2

「広い意味における」と言ったのは、普通一般に宗教というと、「○○教を信じています。○○教の考え方ではこうです」というのだけれど、特定の宗教に関係なく、非常に深い自分の存在を超えた体験をすることを宗教体験と呼んでいいのではないかとユングは考えます。その際に、いったい「宗教性」ということをどう考えるのかという疑問に答えるものとして、そこにあげましたルドルフ・オットーの『聖なるもの』があります。これは岩波文庫にも入っています。岩波文庫で十分とも言えるのに、しかしなぜここでわざわざ異なる本をあげたかというと、最近出版されたこの華園訳では、敢《あえ》て「自分はこう読むんや」と、索引も、注もつけてきちんと読み直しをしておられます。そこに注目したいと思ったのです。

ルドルフ・オットーの本は一九一七年に出版された本ですが、しかし、いまこそ、こういう「聖なるもの」について考えてほしい。だから、自分は一生懸命に読んで訳しましたという姿勢で出されたので、僕はもう一回、ずっと読んだんです。それを皆さんに知ってもらいたいので、これをわざわざ挙げましたが、もちろん岩波文庫のほうを読んで下さってよろしいです。

ルドルフ・オットーという人は宗教学者で、いったい、宗教の本質とは何かということを考えます。たとえば、キリスト教であれば、神様が「汝《なんじ》、嘘《うそ》をつくなかれ」とか言われます。しかし、それは人間の倫理の問題であって、宗教そのものではない。宗教的には後から出てきたものだと。その証拠に他の宗教によっては、そんなことをあまりいわないのもあります。どうしても、宗教と倫理をごっちゃにして考える人が多いのですが、それを区別して、宗教の本質を考える必要があるとオットーは考えます。

それから、宗教にはいろいろな説明や理論がありますね。神とは何かとか、神の存在をどうして証明するかとか。絶対的に正しいといわれている神さまがこの世を創《つく》りたもうたのに、なぜ、悪ということがあるのかとか、考え出すと難しいことがいっぱいあります。そういうことを考えて合理的、理論的に論じるのが神学ですね。ルドルフ・オットーも神学者で、あとから合理的にいっぱい考えているわけですけれども、そういうことを考えるのはあとからの話で、宗教体験の中核を考えようと思ったら、倫理性も除き、合理性も除いて、その体験そのものを何なのかと考えることが必要になる。そして、宗教体験の中核としてルドルフ・オットーは「ヌミノーゼの体験」というのがあると考えます。

それはまさに、自分を超えたものの、「おられます」とか「あります」とか「そうです」とかいう体験ですね。しかも、彼の考えでは、そのヌミノーゼ体験は、あらゆる宗教の根本にある。そこから何教、何教と出てくるかもしれないけれども、そのヌミノーゼ体験というものを大事にしようというのです。

そして、面白いことを書いているんですね。「これが宗教だ！」という体験は、「あまり根源的だから定義ができません」と書いてあるんです。これは、ヨーロッパの人にしては極めて珍しいと思いませんか。

自我の強化ということを大切にするとなると、何事でもちゃんと定義して論理的に考えて、どうなっているかを説明するべきだと考えることになります。ところが、一番大切なことは「定義できない」と言うのですから、これは相当に思い切ったことです。これは、すごい画期的だったと思います。

自分の言いたいことは厳密な意味では教えることができない。ただ、示唆《しさ》すること、目覚めさせることができるだけであるというのです。それが宗教体験ですから、「皆さん、これがそうです」とは絶対に言えない。しかし、「こういうものもありますよ」

と、周りを回って言ってるうちに、その人が「あー」と思ってくれなければ仕方がないんです。その、「あー」と言うのは、初めから教えられるものではないんです。「はい、口を開けて」「あー」、「はい、それです」というわけにはいかない（笑）。「これはどうですか」「あんなのも」「こんなのも」と言っているうちに、みんなが「あー」と思ったら、それだというのです。そのことを初めから書いているんですね。「定義はできません」「教えることはできません」と言って、一冊本を書いているんですよ。すごいですね。

もっと面白いことも書いているんですよ。あまりに宗教のことはすごいから、言葉でいえないのだが、言おうとするとかえって言葉が多くなるというのです。それが証拠に、たとえば禅の悟り、あるいは禅の体験は「不立《ふりゅう》文字」と言われます。ことばでは伝えることができないというわけです。では何もいえないのだったら、禅の坊さんは黙っているかといったら、その逆ですね。本は実にたくさんあるのです。不立文字と言うほど本は増えてくる。なぜかと言ったら、「これだ」とは言えないからです。結局、その周りについて語ることになるのです。オットーは神秘主義は言葉では言い表わせないはずなのに、逆に言葉は増えてくると言っています。それで、自分も言葉でいえないのだけれど、何とか言いたいので一冊本を書いているというわけです。

そういう本質を明らかにしながら書いていくところが、素晴らしいんですね。実は、僕はこの本を英語で読んだのです。アメリカでユング心理学を初めて勉強したときに「ヌミノス」という言葉が出てきたんです。英語では「Numinous experience」というのですが、それが出てくるのがルドルフ・オットーの本だというので、ペンギンブックスにあるのを買ってきて読みました。それを読んだときの感激は今でも忘れられません。「定義できない」とか、「教えることができない」というところとか。「そうだ、そうだ」とうなずきながら読みました。

英語で読んだだけで、日本語では読んでいなかったものですから、今度、この本を訳本で読んだのですが、あらためて感激しました。ヌミノーゼとは、いったいどういうものかを何とかルドルフ・オットーはいおうとしてがんばるわけです。いろいろと説明しますが、まず最初にあげているのは被造物感についてです。彼はキリスト教の人ですから、自分は創られたものだ、自分や世界を作った存在があるというのですね。自分という存在は、己を超えるものと比べようもない。仏教などでいう私は「無」です、何もありません、「私などというものはないのです」というのと似ています。自分がいかに卑小な存在であるかということの体験ですね。圧倒的に己を超えるすごい存在があって、それは畏《おそ》るべきものです。この「畏れる」という感情を人間が失ったら駄目ではないかと僕は思いますね。現代人は下手すると畏れかしこむということができない人が多いですね。なぜかといったら、現代社会ではたいへん便利になり、たいがいのことは自分の思いどおりに何でもできてしまいますから。電子レンジでチンとやれば冷たい食物も温かくなるし、欲しいものは食べられます。行きたいところはどこまでも、月までだって行けるので、何でもできるように思うのです。しかし、畏れかしこむという体験が人間の根本にはあるんですね。

こうした体験は実際にしてみないと話にならないのではないかと僕は思っています。しかも、その中に神秘的なもの——はかり知れないもの、はかり知れないことということを指してダス・ガンツ・アンドレ（絶対他者）というのですが——といいましょうか、自分とまったく違う他のものだという感じを経験します。人間にははかりしれないということがある。それは不気味なものであり、しかも、抗し難い魅惑する力をもっている。このような体験がヌミノーゼの体験だということです。それが宗教体験の根本であって、そこから、その体験をどのように言語化するか、どう説明するかによって、いろいろな宗教ができたり、宗派ができたりする。

ユングは、宗教がすごく大事だというのですが、宗教とはどういうことかといったら、ルドルフ・オットーがヌミノーゼと呼んでいるようなその体験を、「慎重かつ良心的に観察することだ」と言っています。

たとえば、私が思いがけない失敗をしたときに、「バカなことをした」と言うのでなくて、それを「慎重かつ良心的に」観察する。俺は何をやったんだろう。どうしてあんなことをしたんだろう、と。しかも、畏れおののく気持ちでそれを見なくてはいけない。ところが、現代人は、なるべくこういうことがないように、ないように生きていると思いませんか。「どうだった？」と聞くと「わかった、わかった」とこたえます。しかし、「わかった、わかった」というのが、実に危ないことなんです。

われわれのところに来る人でも、自分で言いながらわかっている人が多いんです。話をしていて、「なんでそんなことしたの」と言ったら、「わかってますよ。親父が悪いんですよ」と言う。親父が悪いんだから、その原因を取り除けばうまくいくのではないかと思うけど、なかなか取り除けないから困ってきたと言うわけです。「原因はわかっているんです。親父が悪いんです」と言うから、僕は「はー！」と言う。間違っているとも言わないし、正しいとも言わないけど、僕がやたらに感心して聴くからその人も考え出すんですね（笑）。そこを考えてもらうんですね。すると、「それはまあ、親父も悪いですけど」って、「けど」がつくんです。「ああ、悪いんですけどねえ」と言ったら、また、向こうが考えるんです。そうして、だんだんだんだん、深いところに入ってもらうのが僕ら心理療法家の役割なんです。そのときに、「わかったってダメですよ、もっと宗教体験をしなくちゃダメですよ」とかは絶対に言いませんね。来た人と一緒に悩んでいると、だんだん深くなってきて、すごい体験が出てくる。それを待っているわけです。

しかし、こんなすごいことですから、これを実現していくのは大変なことです。だから、自己実現というのは、ほんとうは、あまりしたくないようなことが多いのではないでしょうかね。自分にやりたいことがあって、そのやりたいことをやったって、自己実現ということにつながるわけではあまりないでしょう。たとえば、私も好きな音楽をやろう、なかなかいい演奏ができました、よかったと思うだけで、畏れおののいたりはしませんし、笛を吹いている自分を「被造物だ」とかは絶対に思わないじゃないですか（笑）。

音楽を演奏しながら、この音楽、たとえばバッハの音楽そのものに比べたら私は全然、無に等しい、まったく無に等しい、それでも鳴らすより仕方がないというふうにして演奏している人はいるでしょうね。いつもひたすら、畏れおののいて、モーツァルトさんの言われている通りに何とかしたいんだけれど、到底できない。本気になればなるほど怖い。音楽とは不気味なものだ。やめたいけどやめられない。そういう体験までして音楽をやっている人はおられると思うのですが、そういう方というのは、宗教体験に近づいていると言えるでしょう。

誰でもいろいろなところで、そういうことが人生の中にあるのだけれど、そういうことを現代人はなるべく抜きにして、ないことにして生きようとしています。そしてすべて「わかった」と思っていると、急に電車が転覆して死んだり、すごい事故が起こったりするのです。そこで、畏れおののき少し反省するべきなのですが、多くの人は、そこでも「わかりたがる」のです。あれは誰が悪かったか。「わかった！」と思うんですが、ああいうときにわからないでいるのは大事なことかもしれませんね。なぜ、こういうことが起こったのか。もちろん「わかるべき」ことをわかる努力をする必要はあります。しかし、それですべてがわかってしまったと思うと大事なものが抜け落ちるかもしれません。

こういうことが宗教体験であるし、こういうことを自分の人生の中に取り入れて生きていくことを、いかにして知るかということが自己実現なのです。だから、実際に言いますと、自己実現というのは、なろうことなら、したくないようなことが多いのです。

私のところに来られる人は、うれしいから来る人はありません。「最近楽しくて」

とか、「よく儲かるので」なんて相談に来る人はなくて、自分の息子が死にましたとか、金を全部取られましたとか、借金で首が回らないとか、そういう人がやって来られます。話を聞いていると、みんなマイナスのことばかりだと思うのだけれど、これはいずれも考えようによっては、自己実現の話の始まりなんですね。だから、これから自己実現が始まる人たちが僕のところに来ておられると思って僕は会っているのです。

ただ、難しいことばかりですね。たとえば、泥棒が入って財産を盗んでいきましたと言ったら、「よかったですね」などとは言っておられない。「どうするか」というのも現実的に大事ですから、それを考えねばならない。カード盗まれたら、どうしなくてはいけないかとか、どこから借金するかとか、そういうことは現実の問題でしょう。現実の問題も、全部一緒に考えていかなくてはいけない。けれども、それはマイナスばかりではなくて、ものすごい意味あることが起こっているということも、知っていないといけないわけです。それが僕らの仕事の大変難しいところで、どちらに偏《かたよ》っても駄目です。パパパッと現実的なほうを片付けてしまって、下手すると、終わったように思うけれども、そんなのはせっかくのことを生かしていないことになるかもしれません。

われわれとしては常にそういうことは考えていないといけない。そして、実際に皆さんの人生にとっても、自己実現というのは、ほんとうに思いがけないところから起こってくるし、マイナスの形で起こってくると言ってもいいのではないのかと思います。

ルドルフ・オットーの本を読んでいくと、ものすごく興味深くて感激する話がいっぱい出てきます。しかし、その一方でずっと読んでいきますと、だんだん、私にとってはピッタリこない感じもしてきます。やはりこの本はキリスト教が根本になって語られていますし、僕はキリスト教徒ではないですから、どこかでちょっとちぐはぐな感じがして、ついてゆきにくいと感じるところが出てきます。

こういう問題を考えるとき、日本人でもクリスチャンになる人がいますね。そういう人は、その方なりの考え方でわが道を行くことになります。たとえば、遠藤周作という方がおられますね。あの方はクリスチャンです。しかし、あの方はクリスチャンだけれども、自分が日本人として生きて感じていることと、クリスチャンであるということの、ものすごい葛藤《かっとう》の中で苦しんで苦しんで作品を書いていかれるんですね。そういうところが僕は好きでした。それで、対談もよくしました。Ⅱで『スキャンダル』を取りあげましたが、他の作品からも教えられることが多くありました。

僕も『聖なるもの』を読んでいると、最後まで「そうだ、そうだ」とはいかなくなってくるわけです。いちばん大事なことは、「私が」いったいどう考えたらいいか。いま言っているいちばん根本の宗教体験の本質といいますか、ヌミノーゼ体験というところでは感激するんですが、そのあとの方はついて行きかねるところがある。すると、いったい、東洋人ではどうなるんだろうということになります。

若いときは私はもともとは西洋好きで、東洋や日本は嫌いでした。戦争に負けたということもありますね。戦争に負けるまでは、「日本は神の国だから世界に負けない」とか、そんなことばかり教えられていた。僕は、子ども心にもどうも怪しい、怪しいと思っていました。だから、生きていくのがなかなか苦しかったですね。

ひとつの例を言いますと、こんなことがありました。戦争にだんだん負けてきて、アメリカがサイパン島に攻めてきて、島を取られる、アッツ島は取られる、これから沖縄も取られそうだというときに、偉い軍人さんが来て、僕らに講義するわけです。僕が中学生のときです。

偉い軍人さんがどう言ったかというと、「今、アメリカはどんどん侵略してきており、近いうちに沖縄も侵略するだろう。しかし、歴史を見なさい。侵略するものは最後はやられているんだ。ナポレオンにしてもそうだ。侵略しているうちに負けていった。アレクサンダー大王でもそうだろう。喜んでいるうちに負けていった。だから、侵略するものは最後は負けるんだ。これを考えたら最後はアメリカが負けるのがわかる」という話をしたんですね。

それを聞いて僕がどう考えたかというたら、「そんなことないやろう。侵略したのは日本が先やったやないか。日本が先にやって、いま、負けよるのや」「侵略しているものが負けるんだったら、日本が負けるはずやないか。いまどうも、そうなってきているように思う」。そう考えるとすべてのことが非常によくわかるんです。「どうも、日本は理屈で考えたら負けるらしい」と思うのだけれど、それは絶対に言えないことだったのです。そのころは必勝の信念というのがありまして、皆が「必ず勝つ」という信念をもったら勝つということになってたんです。しかし、どう考えても負けそうでしたね（笑）。人に言うと殺されるかもしれないので、仕方なしに、私の兄にそっと言ったんです。河合雅雄という兄です。「どう考えても日本は負けるのと違うか」と言ったら、兄が血相を変えて、「誰にも言うな。それ、誰にも言うなよ」「お父さん、お母さんにも言うなよ」と言ったのを覚えています。

兄貴の偉かったのは「お前、間違っている」と言わなかったところです。「そんなバカなことを考えるな」とか、「間違っている」とか言わなかった。正しいとも言わなかったけれども、「誰にも言うな」と言うから、これはちょっとは正しいらしいなと思いましたよ（笑）。言うのは危険だけれどどと。そういう体験の積み重ねの中で日本は負けたのです。「それ見ろ」というわけです。やはり、日本は負けたではないか。日本は神国だと。そんなバカなことを考えたりしたから負けたんやと思いました。

そのとき、新聞には、「日本人は精神的にものすごくがんばって、軍隊も精神的に強かったけれども、アメリカの『物』に負けた。たくさんの大砲とか物量に負けた」って書いてある。僕はそれに腹が立ってね。「アメリカの物量に負けたのではない。アメリカの精神に負けたんだ」と。あちらは合理主義でちゃんとものを作り、ちゃんと戦術立ててやっていたけど、日本は精神、精神とかいって竹やりでがんばって、それで勝てるわけないやないか。ものに負けたのではなくて、西洋の合理精神に負けたのだというわけです。

だから、日本がこれから他の国と対抗するためには、そういう科学的、合理的、論理的な精神をもつべきだと考えたので、僕は日本のものを全部嫌いになって、歌舞伎《かぶき》なんて見ると腹が立って腹が立ってね。なんで、こんなバカなことをやってと。だから、音楽でも演劇でも映画でも何でも西洋かぶれになって、そしてアメリカに行ったのです。

そして、アメリカやスイスで勉強しているうちに、どう考えても自分は西洋人と同じには決していかないということがわかってきたのです。そうすると、自分はどう生きるのか。ということで困り果てました。

3

けれど、考えたら面白いのは、僕は曼荼羅も「十牛図《じゅうぎゅうず》」もアメリカで見ているのです。アメリカのユング派の人たちはすごく東洋が好きですから、曼荼羅の本などを持っていて、「日本人か」「すごいなー」って。僕は日本が嫌いだと思っているのに、「こんな本がある！」と見せてくれるのです。「いいかげんなこと言うな」と思ってね。そのときは曼荼羅を見ても、全然、感激しませんでした。「アメリカ人のくせに、こんなのを好きになりやがって」ぐらいに思いました。理解する力がなかったのです。

ところが、「十牛図」はものすごく感激しました。「こんなのがあるんだ」と。鈴木大拙の説明が英語の小さいパンフレットになってまして、それを見たんです。そのときに、禅は、禅の人がよく頓悟《とんご》といって、「ハッとわかる」「一瞬にしてパッと開ける」ということを言うのですが、「十牛図」を見ると、絵で順番に描いてあるんですね。順番にずっと描いてあるので、筋がよくわかる。つまり、頓悟といって一瞬にわかるのと逆に、わかる過程を示すことを、禅の坊さんが試みているのです。これを知って私はすごく感激しました。

僕はそれまでは日本のものは信用していませんでしたので、仏教なんて、「あんなエエかげんなものはないわ」ぐらいに思っていたのです。

ところが、鈴木大拙の本を英語で読むと、けっこう面白いし、わかるんです。「十牛図」も鈴木大拙の英語の解説を読んだらわかる。それでこれは面白いなと思い出したのです。それで、すごく印象に残っているんです。日本人としてこういう道をきちんと描いている人がいるし、僕にも了解できるじゃないか。しかもこれはユングの言っている自己実現ということと、すごく一致することが多いじゃないかと思ったんです。

日本に帰ってきて何年か経《た》ってから、京都大学の教育学部に奉職すると、そこの教授として、幸いにもこの「十牛図」を書かれた上田閑照《しずてる》先生がおられたんです。それで、上田先生に「十牛図」の話をしたら、すぐにもっとお話をしていただくことができました。上田先生と話をしているうちに「やっぱり禅というのはすごいな」ということがわかりました。ほんとうに体験して自分のものになっている人の言葉はすごいですから、僕はほんとうにありがたかったです。

この本（『十牛図──自己の現象学』）が出版されるのはもっとあとです。僕は「十牛図」が好きになって、上田先生とよく話をしましたし、その後、欧米へ行ってだいぶ「十牛図」を種にして話をしました（註・『ユング心理学と仏教』の元になった講義）。上田先生もこの「十牛図」で外国でずいぶん話をしたと書いてあります。私と同じ体験をしておられるんですね。日本人で、悟りとか無とか言ったら、何となくわかったような気がしますよね。それを英語でどう言うかとなると、ものすごく難しいわけです。うっかり言うと、それはキリスト教圏の人の考え方で理解されます。「nothing」と言ったら文字どおり「何もない」と思うのですから、仏教の「無」の訳ではないわけです。

となってくると、こちらがわかっているつもりで言っていることが向こうにわからない。それを英語で言って、向こうの人にわからそうと思ったら、よほど自分がわかっていて、自分のわかっていることを何とか英語にできてこそ通じるんです。上田先生はドイツ語ですけれど、私と同様の苦労をされ、それができたことがよかったと書いておられます。

この「十牛図」の本は、いわゆる禅のお坊さんが書かれたのと違うのは、普遍性と

第1図　尋牛

第2図　見跡

第3図　見牛

第1図　メルクリウスの泉

第2図　王と王妃

第3図　裸の真実

いいますか、世界とつながる感じが非常によく出ているところです。ここに書いておられることは、限定された禅の世界でのことではなくて、もっと人類一般にといってもいいほどのつながりの中で発言しようとしておられます。しかし、そうはいうものの、やはり、自分が住んでいたというか、生きてきた世界というか、それとのつながりは無視できない。やはりこのような東洋的なものに、私は親近感を感じます。これが人間の非常に不思議なところです。

　この『十牛図——自己の現象学』について、詳しい説明はしま

第4図　得牛

第5図　牧牛

第6図　騎牛帰家

第4図　浸礼

第5図　結合

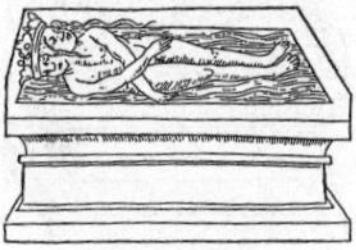
第6図　死

せんが、禅の悟りの境地が、少年と牛との関係で図示されます。少年が失われていた牛を見つけ、それに乗って家に帰ってきます。そこで第七図では「忘牛存人」となって、せっかくの牛が消え去ってしまう。いかにも禅的と思っていると第八図は人も牛も忘れられて、ほんとうに何もない。円だけになります。しかし考えてみると、被造物体験もこれに通じるかもしれません。言うならば、「私はない」というのと似ているともいえる。ここで終わってもいいぐらいなんだけど、これで終わらないところが「十牛図」の面白いところです

第7図　忘牛存人

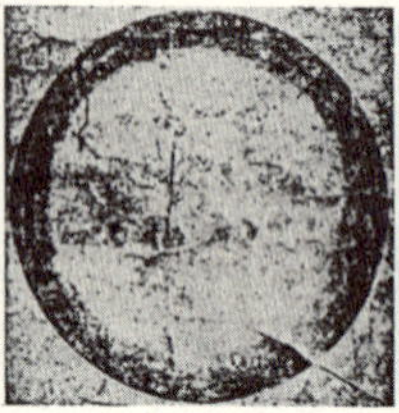
第8図　人牛俱忘

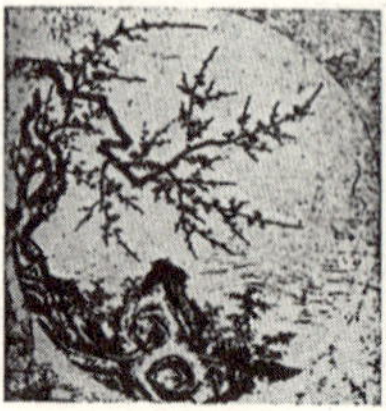
第9図　返本還源

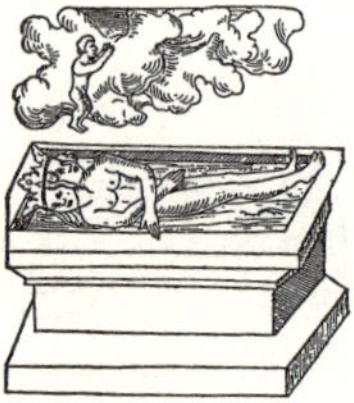
第7図　魂の上昇

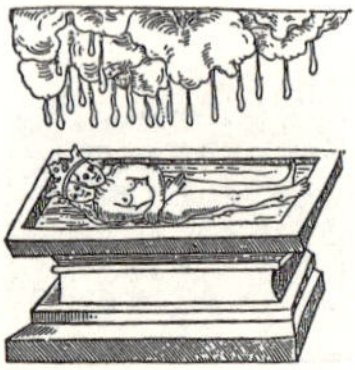
第8図　浄化

第9図　魂の回帰

ね。第八、第九、第一〇と続きます。それまでのは段階的で、牛を見つけてつかまえて、馴《な》らして……と。しかし、八、九、一〇図は段階的ではなくて、上田先生も書いておられますけれども、この八の境地を、違う見方すればこうなりますよと九図、一〇図で示しています。第九図では、もう人はいなくなって、水の流れと花です。

第一〇図が面白いのですが、布《ほ》袋《てい》さんみたいな老人と少年が会っているところで、ここに人間が出てくるんですね。それまで少年一人だったのに、ここで急に二人になるところが面白い。一生懸命に

第10図　入鄽垂手
（にってんすいしゅ）

第10図　新生

牛をつかまえて馴らしていたのに、牛も人もパッと無くなるところの境地、こういう表現は非常に禅的だと思いますね。やはり、キリスト教的な表現ではないと思うし、僕ら日本人としてはわかる気がするんですね。簡単にわかるのは問題かもしれません。わからないほうが賢いかもしれないですが（笑）。

何もないのだけれど、それは自然の姿ですよとも言えるし、自分は一人なのだけれども、心の中には二人いるとも考えられる。「どうかね」と言っているやつと「いやいや」と言ってるやつ、「どこから来たの」「わかりません」というような、何ともいえない対話が行われているようなのが私ですというそういう見方もできますし、いろいろな見方ができると思います。そういうのを八、九、一〇で表わしている。このようにして「十牛図」は段階的に自己実現の様相を描いている、非常に面白い本ですね。

実はユングにも図像を使って自己実現の過程を表現しているのがあるのです。ユングが用いたのは、錬金術の絵です。参考までに「十牛図」の下に並べておきました。

錬金術は、鉛のような金属がだんだん金になるというので、そんなバカなことがあるかと思うけれど、ユングはそれは「化学の本ではないのだ」と考えました。人間がだんだん鍛えられて最後は個性が完成されてゆく、自己実現していくという、自己実現の過程を鉛が金になる過程に置き換えて描いているんだと、そういう考えで錬金術の本を読むわけです。そのなかに一〇枚の絵によって説明しているのがあります。

僕は外国に行ったときには、その錬金術の一〇枚と、「十牛図」の一〇枚を見せて対比しながら話をします。あちらの人にも非常によくわかるので、そういうことをやってきました。多くの人が関心を持ちます。まったく違う考え方みたいだけれど、すごく一致するところもあるのです。これについては論文も書いていますが、きょうはそこまで話ができません。

4

宗教家や、心理学者が自己実現の過程を描いている話をいたしましたが、一方、文学者は、それを一人のこととして、一人の人がまさに自己実現をしていく過程を書いている。僕がそう思う本がいろいろありますが、それをすごく感じたのは、大江健三郎さんの『人生の親戚《しんせき》』という本です。

これは、まり恵さんという女性が主人公です。まり恵さんの子どもは二人いまして、一人は、知的障害のある子。体は元気なのですが、知的に問題がある。弟は元気な子だったのですが、残念ながら交通事故に遭ってしまって下半身が麻痺《まひ》してしまって、車椅子《くるまいす》に乗っています。知的には問題がないのだけれど、下半身は動かない。そういう子どもをまり恵さんは持っています。

非常にけなげにもこの二人の子どもを育てます。細かいことを言ったらきりがなくて、そのあいだに離婚とかいろいろなことがあるんですけど、育てていこうとしていたときに、実は、この知的障害のある、ムーサンという子ですが、その子が車椅子に乗っている弟の道夫を押して崖《がけ》から落ちて自殺するんです。大変なことなんですね。しかも、そのときに二人でバーンといくはずだったのが、見ている人たちが、下から「やめておけ、やめておけ」と叫ぶんで、車椅子のブレーキを引いて道夫さんがやめようとするんです。ところが、ムーサンはそれを見て、自分だけが飛び込み、それを見て道夫さんはブレーキを外して自分も飛び込んで死んでいくのです。人間にとってこんな体験はめったにない。自分が一生懸命に育てようとした二人の子が一挙に自殺してしまうんですから。

そういう体験を背負って、まり恵さんがどう生きたのかが書いてあるのです。それが僕から見れば、まさに自己実現の話ということになります。が、まり恵さんは人生のいろいろなことを経験し、最後にメキシコに行って、メキシコの人たちと共に仕事をして、そこで皆に聖女のように敬われるんだけれど、まり恵さんは癌《がん》で死んでしまいます。そのような一生です。

まり恵さんが自分の体験の話をするときに、二人の子どもが自殺して死んだという話のことを「あれ」と言うんですよ。「あれ」が起こってから私はこうなったとか。「あれ」をどう考えるかが問題なんだと言うふうに。これはまさに、初めに言った「それ」に対応しているんです。そう思いませんか。最初に、「私と〝それ〟」と言ったでしょう。私と「それ＝it」は、内面です。まり恵さんにとっての「あれ」は外で起こったことです。

ところで、僕は、この、中で起こることと、外で起こることはすごく対応しているのではないかと思います。まり恵さんが「あれ」を私はどう考えたらいいんだろう、どう生きたらいいんだろうというのと、ユングが自分の無意識をどう生きたらいいんだろう、「それ」をどう生きたらいいんだろうと言っているのと同じことだと思います。

ユングのほうは「それ」を生きるために、幻覚とか幻聴のすごい体験をするわけです。まり恵さんのほうは、それが外で起こっています。子どもが自殺したとか、自分が癌になったとか、そういう事柄を生きていく。「まり恵さんという人は気の毒な人でしたね、悪いことばかり起こって」というのは普通の言い方ですね。それを「そうではないのだ。このようにして人生を実現していったんだ」「何を実現していったのか」「『あれ』ですよ」と。それは、「それ」なんです。そのときに、「それ」はその人の「人生の親戚」だという考え方を大江さんは紹介します。「親戚」というのは面白いと思いませんか。別れられないでしょう。血がつながっているんだから、親戚は親戚としかいいようがない。親戚でいやなやつっていませんか。来なくていいときにフラッと来たり、お金を借りに来たり。で、貸しても喜ばないし、貸さなかったら怒るし。

僕は、この『人生の親戚』という言葉を知ってすぐに思い出した小説があります。夏目漱石の『道草』。あそこにいやなおっさんが出てきます。養父ですから一種の親戚です。漱石はものすごくうまいと思うんだけれど、主人公が道を歩いているときに、向こうから養父が来るのが見えるんですね。だから、横道に入って避ければいいのに、「横道に行ったほうがいいな」と思いながらもそうしない。養父が「おう、お前、久しぶりだな」と言ったら、「ちょっと用がありますから」と別れたらいいのに「何ですか」と言って「お暇なときにはどうぞ」とか、言わなくてもいいことを、自分で「アホか」と思いながら言うんですね（笑）。すると、やって来るんですよ。「来たわよ」と奥さんが言うので、「ちょっと今、立て込んでおりますので、じゃあまた」とか言えばいいのに「上がりますか」と言うんですね。そうしたら、上がってしまうんですよ。

こういうところを実に巧みに漱石が書いています。自分では、やめておこう、やめておこうと思いながら、逆にどんどん引っ込んで、しかも、渡さなくてもいいのに「小遣いの足しにでも」とか言って、金を渡すんですね。そうなると養父は喜んでいくらでも金をせびりに来るわけです。

奥さんにすれば「あなた、馬鹿《ばか》ね」と言いたくなりますわね。初めから馬鹿ばっかりしていると言うんです。その、馬鹿ばっかりしている、それが自己実現だというのがすごく大事なことなんです。その親戚がいないと実現できないんです。ここがほんとうに面白いところです。

あれは読みようによると、つまらない親戚に追い立てられて、アホな男が苦労している話に思えるんだけれど、ちょっと言い方を変えると、あの主人公がいかに「あれ」とつきあったかという話です。そのときに、「あれ」のほうからでなく、普通の見方をすると「馬鹿ね」ということになります。その役割を奥さんがやっているんですね。奥さんの言うこと、一つ一つもっともでしょう。一つ一つもっともと思いながらも、主人公は奥さんに腹を立て、自分に対しても怒っている。その感じがすごくよく描かれています。

この『人生の親戚』を読んだときに、『道草』を思い出したのですが、『人生の親戚』の方がもっと事柄がすごいですね。なぜかといったら、やはり、現代という時代は、あんなおっさんが金借りに来るぐらいではピンと来ない。息子が二人自殺した。しかもそのとき、図式的にいうと、知的障害があって体の強い子、頭はしっかりしているけれど体の弱い子、これは精神と肉体の分離とも思えませんか。この分離した二つをどうしたら一つにできるのか。まず死ぬより仕方がないというか、そこから話が始まる……。

われわれ現代人が自分の精神と身体の統合などということをやろうとする、つまり自分の自己実現ということを考え出すと、ものすごく大変なことですね。いかに大変かを、わかりやすくみんなに示そうと思うと、まり恵さんの人生そのものになります。それをまり恵さんという人がいかに生きていったかということですね。

この『人生の親戚』というのは、スペイン語でPatientes de la vidaで「人生の悲しみ」とも読めるんだそうです。『人生の親戚』には自己実現ということの底にある悲しみというものがよく語られています。それでも、その悲しみを雄々しく生きていくのがまり恵さんの生き方ですね。そういう点でいうと、すごく似た感じで読んだのが司さんの『紅水仙』です。司さんは絵のすごく上手な人で、僕も自分の本を装丁していただいたりしている、素晴らしい方です。

僕は前から司さんの絵が大好きで、実は『あなたが子どもだったころ』という企画をして、僕の好きな人に会って、子ども時代のことを聞いたんですね。司さんにもお会いして、「司さん、子ども時代どうでしたか」と言ったら、最初に言われたのが「私は私生児でした」ということでした。すごいショックでしたね。こんなことを言っていいのかなと思いました。「いや、自分は私生児で、どれだけ母を憎んだかわからない」という話をされて、ほんとうに、心にしみるお話でした。

それからしばらくたって、この『紅水仙』を書かれるんですが、これは自分のお母さんのことを書いておられるんです。あとがきに書いておられます。自分は私生児であったためにどれだけ母を憎み、母を苦しめたかわからない。ところが死んでしまったあとで、母の人生を思うと、これは書かざるを得ないというので、お母さんの一生を書いておられます。お母さんはものすごく気の毒な人です。大変貧しい家に生まれて、奉公に出たり、私生児を生まざるを得ないような生活をしながらずっと生きてこられるわけですね。そういう一生を、ほんとうに素晴らしい文章で書いておられて、感動的なんですが、その最後が、僕は大好きなんです。

お母さんが亡《な》くなられる何日か前に、お母さんはこう言われるんですね。「生きていてよかったのか悪かったのか、私にはわからないんさねえ。ただ、生きていたというだけでは誰も喜ばないしさ。子どもを生んで育てても、誰も喜ばないよねえ」と。この、「子どもを生んで育てても誰も喜ばないよねえ」というのは、何とも言えないと思いませんか。司さんに言っているんだから。司さんは、「俺を生んだ」ということで怒っているわけですからね。「なぜ、私生児として生んだのか」といった、それも入っていると思います。「生きていてよかったのか悪かったのか、私にはわからない」「ただ、生きてきたけど」って。

それに対して、司さんの言葉。

「僕はあのとき何と答えたっけ。黙ったままだったような気もするし、ありがとうと言ったような気もする。『よかったんさ』と言ったんだっけ。『さびしいよな』だったっけ。やっぱり答えられなかったんだっけ。」

これがおわりです。自分でも何を言ったかわからない。「ありがとう」と言ったような気もするし、「さびしかったね、お母さん」と言ったような気もするし。何も言わなかったかもわからない、というこの書き方が僕は大好きです。最後で「母親は自己実現の一生を生きた」なんて書いてあったら、「嘘か！」と思うけれども、こう書いてあるほうが、はるかに僕らは「うーん、お母さんは生きたんだ」と深く感じられる。それをまた、司さんがわかっていて、こういう書き方をする。つまり、どちらからも見られる、あちらからも見られるし、こちらからも見られるけれど、よかったんだっけ、ありがとうと言うべきだったんだろうか、黙っていたんだろうかというところで終わるんです。そういう点で僕は、『紅水仙』はすごく好きな本です。ぜひ読んでください。

『人生の親戚』について短い紹介に終わりましたが、これはほんとうに一つ一つの細かいところですごく考えさせられる本で、たくさん印象に残っているところがあるんですが、なかでも一つ強く印象に残っているのは、センチメンタルということについて書かれているところです。

フラナリー・オコナーという作家がいて、その人の言葉として書いてあるんですが、マリア様のような無垢《むく》な状態、ほんとうの無垢、穢《けが》れのない状態に、われわれはほんとうにあこがれるんだけれど、実際は人間、みな穢れていますよね。その穢れた人間を穢れなきところに到達させるためには、オコナーはキリスト教の作家ですから、そこにキリストの十字架というのがあり、みんなの罪を背負って死んでいったキリストという存在があって初めて、人は救われていくのだと考えねばならないのに、「ちょっと努力すれば無垢になる」とか、「うちの子どもは穢れがないから、子どものようになりたい」とか、そういうふうにすぐに考えるのを、センチメンタルという、と書いてあるんです。

ほんとうは長い、苦しい過程を踏んでこそ最後に到達できるところを、「すぐにいけるぞ」というふうに思うのをセンチメンタルだというんですが、これは実にポイントをついていますね。そう思うと、よくわかります。センチメンタルな人はすぐに感激して「みんなでがんばりましょう」とか言いますが、皆でがんばったってできないことってよっぽど多いですからね。

センチメンタルな人はすぐ「がんばりましょう」と言うけど、だいたいがんばっていない人が多いでしょう？（笑）。がんばろうと言うことが好きなんで、がんばる気はないんです。ほんとうは、すごい長い、大変な過程を踏まえていかなければならないのです。まり恵さんがそうでしょう。そのときに、子どもが死んでもあなたがこれからしっかり生きてね、なんて言って慰めたつもりになるのはセンチメンタルなんですね。そんなんでなくて、子どもが死んだということをずっと背負って生きていく。それがほんとうの自己実現だということが、すごくよくわかります。

もっとも、センチメンタルになるのも、たまには息抜きになっていいんですけど。いつもそうなのは困りますね。

「おのれを超えるもの」ということで言えば、いろいろな文学作品があります。児童文学で一つあげたのが、ホワイトの『シャーロットのおくりもの』です。これはほんとうに推薦します。

皆さん、アルフォンス・デーケン先生ってご存じですか。ドイツ人で死の臨床をしておられる方です。「死ぬ」ということがすごく大事なのに、現代人は忘れてしまっているということで、死のことをしっかりと考えようとされている方です。デーケン先生の講演を僕は一回、聞いたことがあります。最初が、「皆さんご存じですか、最近の厚生省(現・厚生労働省)の統計によると、日本人の死亡率は一〇〇%なんですよ」。「えーっ」と思うけど、そうですよね、皆、死ぬんだから(笑)。そうであるのに、皆、死ぬことを忘れてホイホイやっているという話をされたんです。

そのデーケン先生に僕は呼ばれて講演をしました。僕はほんとうは死ぬことを考えるのはしんどいので、人の前で話したくなかったんですが、ちょうどいい本があると思って、この『シャーロットのおくりもの』の話をしたところ、大変喜ばれました。その後、この本は十何万部も売れたとか聞きました。

これはなかなか上手な組み合せを考えていますね。主人公はブタとクモなんです。ブタとクモが友人なんです。これもさっきのまり恵さんの子どもの組み合わせとどこか似ていると思いませんか。天空にかかっているのと、泥まみれになっているのと。これが友だちになる。ブタのほうはたくさん食べて太って喜んでいたら、人間に殺されることになります。殺して食べることになるわけです。

このシャーロットを読んだときに、宮沢賢治の「フランドル農学校の豚」（『宮沢賢治全集』7所収、ちくま文庫）というのを思い出しました。知っていますか。ブタはみんなからかわいがられて、「俺はずいぶん価値のある存在だ」と喜んでいたら、人間はブタを食おうと思って育てていることがわかって、大変になってくるという話です。これだってそうです。ブタは初めは喜んでいるけれども、結局は殺されることになる。死ぬのはいやだというので、シャーロットというクモが素晴らしい工夫をしてブタの命を助けてくれる。

面白いんですが、その面白い話だけで終わらないところがいいんです。実は、シャーロットは死んでしまうんですね。死んでどうなるかといったら、シャーロットの子どものクモがパーッと生まれてくる、そこで終わるんです。わかりますね、死と再生がずっとテーマになっていることが。十牛図では第八図で何もないと思ったときに、何かが生じてくる。そういう感じ。これだって、死の後にたくさんの生がある。『シャーロットのおくりもの』はそういう意味で、命というものをすごく考えさせる作品です。

そして、命というものは、私の命なんて言っているけれど、ほんとうは私を超えているものなんです。私がどこかでもらってきたわけではないでしょう。皆さん、自分の意思で生まれた人、いますか。「よし、生まれてやろう。第一志望、アメリカに失敗したから、第三志望の日本に生まれた」なんていう人はいないはずです。気がついたら生まれているんです。

そして、そのうちに死ぬんですね。しかも、いつ死ぬかわからない。僕らがわかっているのは、デーケン先生ではないけれど、死ぬことは一〇〇％なんです。いつどこで死ぬか、誰も知らない。そのあいだに命があるとしたら、それはおのれを超えている。その、おのれを超えた命というものを、いったい僕らはどう考えるのか。ひょっとすると、自分は死んだと思っていても、命はおのれを超えて続くかもわかりません。

『シャーロットのおくりもの』はそういうことさえ考えさせるような児童文学です。そういう意味でちょっと毛色は違っていますけれど、挙げてみました。

児童文学でいうと、これではなく、他にしようかと思ったのがありまして、それは、アストリッド・リンドグレーンの『はるかな国の兄弟』(岩波少年文庫)です。なぜそれを挙げようと思ったかというと、これも兄弟の話で、弟のほうがものすごい身体障害のある子で、その兄さんが、弟を連れて次の世界に行こうとするんですね。それはつまり死ぬことでしょう。その二人の兄弟が、いかにして次の世界に行こうとして、どんな冒険をして行けたのか、行けなかったのか。そういう話なんです。

僕は大江さんの『人生の親戚』を読んでいるときに、すぐにその話を思いついたんです。そういう意味では面白いかなと思ったのだけれど、大江さんのテーマでお話ができるので、他のにしようと思って、今日はホワイトの作品を取り上げました。リンドグレーンはご存じですね。『長くつ下のピッピ』(岩波少年文庫)を書いた人です。たくさんの名作を書いた人ですが、私は『はるかな国の兄弟』がいちばん好きです。

5

あとは、もう少し読んでほしいというので挙げましたが、最初は白洲さんの『明恵《みょうえ》上人《しょうにん》』です。先ほど言いましたように、ユングは自己実現ということを書いていて、自伝を読むと僕は感激するんだけれど、僕はクリスチャンではないですから、どう考えてもなかなかユングの言うとおりにはいかない。もっとも、ユングは自己実現を個性化とも言っていて、個々人の道の異なることを強調しています。だから僕がユングの真似《まね》をしようとしたって駄目なんですよね。個性化にならないでしょう。個人個人がそれぞれ自分の自己を実現するということですから、ユングと違う道を歩かなければならない。それにしてもユングはクリスチャンですから、そういう意味でも手本にはなりにくいと感じていました。

もう一つ僕が残念に思っていたのは、僕は臨床心理学の勉強を始めても、日本にはあまり教えてくれる人がいなかったので、アメリカやスイスに行って、これこそ、私の師だという人に出会うのですが、これこそわが師という人は、みんな日本人ではないんです。残念だと思っていたんですが、とうとう見つかった。それが明恵です。ものすごくうれしかったです。「あ、とうとう日本の師を見つけた」と思って。

明恵は鎌倉時代の人です。わが師といっても、別に生きてなくても、死んでる人でもいいんです、その人が自分の師と思えれば。明恵の『夢記』を読んだときにそう思いました。明恵はやはり、仏教徒として自己実現の過程を歩むのです。その自己実現をするときに、夢の世界を非常に大事にしているという点で、ユングと似ているんですね。その他にもユングと似たところがたくさんあります。

ユングと似ていて大変感心するところは、明恵もユングも死ぬ前に「死夢」を見ています。その夢を見て、「自分は死ぬ」とわかって、ちゃんと準備して死んでいくのです。死ぬ夢を見るぐらいになると大したものだと思います。僕はまだわかりません。まだ、見てませんし、あまり早く見たら困るんで（笑）。死夢を見てちゃんと準備して死んでいくというのはすごいと思いますね。そういう点でも、この二人は似ています。

しかし、内容はもちろん違います。それでも、自分の無意識の世界をすごく大事にして一生を生きたという点では、「日本にもこういうすごい人がいたのか」と思ったほどです。僕が思っているようなこの明恵上人の感じを的確に書いたのが、白洲さんの本です。明恵上人の本は他にもありますが、他の本はむしろ事実が書いてあって、事実を読むという意味では面白いですけど、僕が言っているような意味の、すごい人だという感じがわかるのは白洲さんの本だけだと思います。これもぜひ読んでほしい本です。日本にこういう人がいたというのはすごいことですね。

僕は、この明恵上人のことを書いたおかげで白洲正子さんと知り合いになることができたのです。それまでは、「こんな怖いおばさん、絶対に近づかんとこう」と思っていました。しかし、明恵さんのおかげで知り合いになって、ほんとうによかったと思います。

こういうおのれを超えたものの自己実現という意味で、キリスト教、仏教の話をしました。次に挙げたのは、アメリカインディアン、アメリカ先住民の人が編集した、アメリカ先住民の人たちの言葉を集めた本『俺の心は大地とひとつだ』です。このごろアメリカでは、だいぶ反省が起こってきて、インディアンといわずに、ネイティブアメリカンというようになりました。そのネイティブアメリカンの本がたくさん出版されて、白人が読んでいます。この人たちは、西洋の近代人が確立した「自我をいかに確立するか」というのでないほうの、無意識の方から見ているというか、そういう人生を送ってきた人たちです。

僕もあまり好きだから、ナバホの人たちに会いに行って、いろいろ話を聞いてきました。ナバホの年とった人はほんとうに素晴らしい顔をしています。いい顔をしています。立ち居振る舞いがすごくいいんです。ちょっと花を供えたりしているだけでも、いいなという感じがします。

そこで、私がナバホの人に、「ナバホの生活、生き方を見ているだけで感動します。いったい、そのような生活、生き方をどういう宗教によって支えているんですか」と聞いたら、答えがすごいんですね。「われわれナバホには宗教という言葉はありません」と言うのです。なぜかといったら「生きてることがそうだから」。わざわざ言う必要がないというのです。すごいですね。

目が覚めたということは考えたら、もう宗教ですね。それは、ヌミノーゼ体験です。大地の上に立つというのもそうでしょう？　していることすべてが宗教体験になって生きているんだから、宗教などという言葉はいりませんというのです。生きていることが宗教です。

その次がいいですね。にやっと笑って「白人の方は part time religion をやっておられる」と言いました。パートタイムで宗教をやっていて、あとは忘れていろんなことをしているが、われわれの宗教は人生そのものだと。

そういうのを聞くとすごいなと思うでしょう。思うけど、その一方でナバホの人は極めて貧困です。僕は行ってビックリしました。アメリカ合衆国のど真ん中で、ナバホの人たちが住んでいるところは、電話の普及率が三〇%ないんです。それほど貧困なんです。ユングが言ったことを思い出してほしいんですが、内面の豊かさと外的貧困の中に生きている人たちと、逆に外的にはいっぱいものがあって、内面的に貧困に生きている人たちがいる。言いようによると、さっきの兄弟と似ているとも言えるでしょう。その両方を生きないと話にならないというのがユングの考え方ですし、僕もそう思います。

僕は、ナバホに行って感激したからといって、日本に帰ってきて「皆さん、働くのやめましょう」とは言わないです。金は儲けたほうがいいし、ものはあるほうがいいんだけれど、それだけやっていたんでは面白くない。そのときにわれわれは、こういう人たちの言っていることをもうちょっと真剣に読んだらいいんじゃないかと思います。しかし、真剣に読んでそれを自分がどう生きるかはなかなか大変なことです。読んでただ感激しているだけだと、まさにセンチメンタルです。

日本人で単純にものごとを考える人は、単純にものを言い過ぎるんです。たとえば、最近でも、「一神教の人はすぐ戦争して戦うけど、われわれ多神教の日本人は平和を愛好する国民であって、多神教のほうが素晴らしい」などと言う人がありますが、そんなことを単純に言っていいのかと思います。

実際に私は体験しましたけど、外国で仏教のお坊さんがそういうことを言われるんですよ。「仏教は何があってもよいというけれど、一神教は、あれがダメでこれがいいとか言う。だからすぐに戦争をするけど、仏教国の日本人は平和を愛好する国民です」と強く主張される。

僕は聴衆の顔を見ていて心配になったので、次に、「今のお坊さんの言われることは非常に素晴らしいと思うけれども、そういう素晴らしい日本国民が、第二次世界大戦で何をしたか、忘れずにものを言う必要があるんではないか。仏教のお坊さんたちは第二次世界大戦のときにどういうことをしたか、それを踏まえてものを言うべきではないかと私は思っている。これはなかなか難しい問題だ」というような話をしました。すると次に手を挙げて立った人が、「私は中国人ですが、私の両親は日本軍に虐《ぎゃく》殺《さつ》されました」と言われました。「初めの人の話を聞いてものすごく腹が立ったのだが、二番目の人がああ言ってくれたんで私は心が収まりました。もっと一緒に考えたい。何がいいとか悪いとか簡単に言わないで一緒になって平和のことを考えて欲しい」と言われて、ほんとうによかったと思いました。

そういう点でもう一つ僕が体験したのは、「生命をどう考えるか」という大きな国際会議をやったときに、やはり日本の偉いお坊さんが来られて、言われるんです。

「キリスト教では、神があって人があって自然があって、人間は自然と違うんだと。だから、自然を自分の思うようにコントロールしているけれど、われわれ仏教では人間も草も木も動物もみんな一緒なんです。皆同じだと思って生きているんです」とか言われるのです。

さすがアメリカ人ですね、すぐに手を挙げて質問するんです。「同じだ、同じだとものすごく言われるけど、どうして、お寺に行ったら草を抜いてあるんですか。自分の行ったお寺では全部、草が抜いて放ってあった。人間と同じなのに、草の命はどうなっているんですか」

そういうことを話の途中で質問するんですよ。日本人は皆、どうなることかと思ったんですが、お坊さんは偉いですね。泰然自若です。「いやいや、あれは心配要りません。私は抜いておりません。寺男が抜いております」。ワーッと外国人が笑って、そのあと誰もその坊さんの言うことを聞いていないんです。

そのときに、ほんとうに説得力のあることを僕らは言えるのかどうか。上田先生が「十牛図」をドイツ語で話すためにどれだけ苦労したかと言われたように、みんな平等だったら、なぜ草を抜くのか。草も一緒だというのなら、どうしてお前は野菜を食うのかといわれたら困りますよ。「私は肉は食いません」と言ったたって、人間も野菜もみんな一緒やと言うてるんですからね。

そう考えているときに、次にあげてあります、中沢新一さんの書いた『対称性人類学』という本があります。この本は実はシリーズの五冊目です。シリーズ全部をぜひ読んでほしいんですが、すごくよく考えて書かれてます。一神教とは違ってわれわれはどういう考え方で自然に向かい、どう生きていくかと書いてあるんですが、平等とは書いていないんですよ。対称性と書いてある。人間とクマとか、人間と草でも、対称関係にありながら生きている。つまり、平等だといわずに対称性、ということは、調和して生きているんだと。時には殺すより仕方のないときがある。ときには食べるかもしれない。しかし、われわれ人間が、他より優位だと思っているわけではない。

人類の最初からわれわれは神というものをどう考えたかというようなことをずっと書いてきて、いったい神はどうして人間の心の中に出てきたか、その神と人間と自然と、すべてのものを上下で見ずに対称性で見ていこうと書いています。平等とはいわない、そこがいいところです。そういう点でこの本は素晴らしいなと思いました。

最後に挙げているのは、まるで違う脳の話です。これは最近、小林秀雄賞を受賞した作品です。茂木さんという方は、脳のことに非常に詳しい人です。脳のことを僕ら素人《しろうと》にもわかりやすく書いてくださるので、茂木さんの本はよく読んでいるんですが、この本はすごく感激しました。

『脳と仮想』というのですが、仮想とはイマジネーション（imagination）です。きょう僕が言った曼荼羅もそうですが、クモとブタが話をするなんていうのも仮想じゃないですか。ほんとうに話をできるはずがないでしょう。そういう、イマジネーションのはたらきは人間にとってどんなに大切かと書いて、次にどう書いてあるかというと、「こういうことは、脳の近代科学の手法による研究では解明できない」と、はっきり書いてあります。

近代科学によって脳のはたらきがどうなっているかとか、右脳と左脳がどうなっているかとか、いま僕がものを言っているときに脳はどう活性化するか、そういうことをどんどん研究できる。これでわかることは相当にあります。けれども、人間の脳というのは、ありもしない、イマジネーションという活動をしています。しかも、一般的には初めに言いましたが、「コップそのもの」なんていうのは見えないんです。脳はコップというものを知っていて、そのコップというものと外界からの刺戟《しげき》とを一致させて、これをコップと言っているんですね。細かく言い出すと、人間のもっているイマジネーションの力はすごいものなのに、それは近代科学の手法では研究できない。

だから、僕が四回にわたって喋ってきたことも、近代科学的に研究できることとできないことがある。とすると、私が話をしてきたようなことと、脳研究とを総合するような「新しい科学」は生まれるのだろうか。茂木さんの本には、もし、そういうことができる人があったら、ニュートンよりももっとすごい人であろうと書いてあります。

そういう意味で、なかなか面白い本です。私は前から言ってきたんですが、近代科学はすごく大事で、そのおかげで今のような便利な生活をしているし、やはり、それは大事なことだから肯定しなくてはならないけれど、それだけでは駄目で、私が言ったような心の問題、心の深層を考えざるを得ないし、心の深層までは近代科学で研究できない。これらを両立させて僕らは生きていかねばならない。そういうことになると思います。

質問　大学よりもきついセミナーで、本を全部読めとはおっしゃっていないですが、集めるのにかなり苦労しましたし、全部読めたわけではありません。

先生は、冒頭で、あまり本を読みませんよとか、今回のテーマでは精読するようにというお話があったかと思うのですが、そういう中で、先生はどういうアンテナを持って今回の——あるいはこれからもたぶん、読まれるでしょうが——本を感知していのかうかがえればと思います。

河合　私が本を読まないと言うのは謙遜《けんそん》ではなくて事実です。ほんとうに本を読む人は読む量が、ぜんぜん違います。僕が本を読む人で尊敬している人は、鶴見俊輔さん、森毅さんです。すごいですね。森さんなんかはいつ読んでいるんだろうと思うけれども、ほんとうによく読んでいて、何か言うと「うん、あれか。あれはな……」とか言って。ちゃんと読んでいるんですね。私は読書以外にすることがたくさんあるのと、何もしないでいるのが大変好きな性分なので、読書量が少ないのです。

どういうアンテナでというのは非常に面白い言い方で、やはり、つまらない本を読んだら腹が立つでしょう（笑）。だから、それはすごく気をつけています。いちばん強いアンテナは、僕の尊敬する人、好きな人の推薦ですね。だから、たとえば鶴見さんが「あれ、いいよ」と言ったら、絶対に読みます。森さんがそう言ったら、絶対に読む。それから、うちの息子たちが「お父さん、これ読んだほうがいいよ」というのは絶対に読むと思います。そういうふうに、自分の「これは」と思った人が言った本は絶対に読みます。それから、書評はよく読みます。いろいろな新聞や雑誌の書評を読んでいて、これはと思うのは買いますね。

児童文学などは、いっぱいツンドクしています。積んであります。汽車に乗ったりするときに「これ」と思ったらそれを抜いて持ってゆきます。読んだのがよかったらものすごくうれしいですね。「あたり！」という感じでね。ときどき、せっかく持ってきて読んだのに、ぜんぜんつまらないので窓から放ってやろうかと思うこともありますが、新幹線は窓が開かないですね（笑）。うまくできていますね。

私がこのような企画に乗ったのも、私としては絶対に読んでほしい本を多くの人にすすめたいからです。そういうのに目を光らせていて、自分の周囲に、「こいつが言ったからには読んだほうが得だ」という人をつくっておくのは大事じゃないでしょうか。

私としてはここに挙げた本は是非、是非、読んでいただきたいです。

あとがき

本を読まない人が増えたと言う。それに、大学生がほとんど本を読まない、などと聞くと、ほんとうに悲しくなる。

岩波書店のシリーズ「グーテンベルクの森」という企画は、現在いろいろな分野で活躍している人に、自分が成長してくるまでにどのような読書遍歴をしてきたかを書いてもらう、というものである。私もつぎつぎ読んで面白かったが、自分の番が回ってきた。それで『深層意識への道』という本を上梓《じょうし》したが、本を読まない人が多いというのに、こんな本読んでもらえるかな、と少し心配であった。

出版すると思いの外に多くの人に読まれ、どうしてかなと思っていると、「あの本にあげられている書物を取りあげて読書会をしている」などという類《たぐい》のことを一再ならず言われた。そこでひとつ気づいたことは、現在はあまりに多く本が出版されるので、読みたくてもどれを読んでいいかわからない、そこでなんらかの「読書の手引」のようなのを期待している人が相当にいる、ということであった。

私はできるだけ多くの人に本を読んでもらいたいと思っている。それも、知識のつまみ食いのようではなく、一冊の本を端から端まで読むと、単に何かを「知る」ということ以上の体験ができると思っている。一人の人に正面から接したような感じを受けるのだ。
「情報が大切と言いながら、現代の情報は『情』抜きだから困る」と言ったのは、五木寛之《ひろゆき》さんである。私もこの考えに賛成だ。人間が「生きている」ということは大変なことである。いろいろな感情がはたらく、そして実のところ、その感情の底では本人も気づいていない、途方もない心の動きがあるのだ。そのような心の表面にある知識のみを「情報」として捉《とら》えていたのでは、ほんとうに生きることにはつながって来ない。

このような考えを踏まえて、本書の出版を考えるようになった。岩波書店の編集者で、『深層意識への道』を担当して下さった、高村幸治さんも同様の考えから、この出版にかかわっていただくことになった。

私が専門にしている心理療法は、人間の生きることに深くかかわるものである。それを行なう上で、人間の「心」ということが大切になってくる。したがって、「深層心理学」などという学問ができあがってくる。あまり専門的なことはともかく、一般の人々も深層心理学の知識を持っていると便利なことが多いと思う。しかし、知識と言っても、これは人間が生きることに深くかかわることなので、知的な理解だけでは、ほんとうに自分のものになったとは言えない。そこで、これを伝えようとすると、いわゆる学問的にまとまったものよりも、むしろ、文学作品などを素材にして語る方が適切なときがある。直接的、実感的に「わかる」気がするのである。

そこで、本書は「心の扉を開く」と題して自分の心の深層にだんだんと迫ってゆくのだが、そのときに読書を通じてそれを行う、という方法をとった（註・この趣旨を踏まえて、文庫版では『こころの読書教室』と改題）。そのときに、深層心理学の専門書はできるだけ避けて、なるべく一般に読まれている本を選ぶことにした。それと、たくさんだとかえって手がつかなくなるので、各章にまず、五冊をあげて、四章で全体として、二〇冊にした。これだと割に読みやすいのではないかと思ったのである。なお、もう少し読みたいと思う人のために、各章に追加で五冊ずつあげておいた。

五冊に限定するために大分考えたが、私としては適当なものを選んだし、どの一冊も読む価値の高いものと思っている。絵本や児童文学の本がまじっていて奇異に感じる人もあろうが、本文中にも説明しているとおりで、これらの本は大人の本と同様に素晴らしい、と私は思っている。

なお、読者の心に届きやすいということを考えて、本書も私が四回にわたって話をした記録をもとにしてつくられている。語りかける言葉の方が、人間の心の扉を開いて下降してゆくのにふさわしいと思われるからである。

もっとも、話を聞くのと文章を読むのとは同じではないので、本書も読むことを前提に、編集者の高村幸治さんの御援助もあって、口述記録に訂正を加えている。それでも、

「語り」の感じを残すこともあって、関西弁をそのままにしているところもある。その点は、どうか御了承願いたい。

なお、お話をしたときは、いろいろと質問をいただき、それらの一部は本書にも記されているが、これによって私も励まされたり、あらたな考えを刺戟されたりして有難かった。また、「レポート」も大分提出して下さって、こちらも興味深く、参考になることも多かった。ここにあらためて、四回の講義に参加して下さった方々にお礼を申しあげたい。やはり、聴衆の存在があってこそ、語り続けることができるのである。

本書によって、多くの人々が読書に関心や意欲を持たれるようになることを、まず願っている。人間の心のことについて関心を持って下さると、それも有難いことだが、本書では自分の専門を武器にして、読書の面白さを知っていただきたいこと、世の中にはこんなに素晴らしい本がたくさんあるということ、を知っていただきたい、という気持がもっとも強くはたらいている。

いちいちお断りをしなかったが、ここに取りあげた書物の著者や訳者の方々に、厚くお礼申しあげたい。これらの本が無ければ本書も決して存在できなかったのだから。

既に述べたように、岩波書店編集部の高村幸治さんには、ほんとうに格別のお世話になった。ここに心から感謝の気持を表し申しあげる。

そこにフローしているもの（解説）

加藤典洋

私事になるけれども、私はいま、この一年ほど続いた雑誌連載を終えたところである。すこしほっとして、この河合さんの本を手にとり、読み、解説を書こうとしている。

連載の趣旨は地球と同様に、人類もまた、もう有限の存在であると考えてみたほうがよいのではないか、というもの。最後は、人類が永遠に続くのではないとしたら、人間は今後、自分を人類の一員として考えるだけではなくて生命種の一つ、生命体のなかの一員としても考えてみることが必要なのではないか、という提言になった。

それで、この本を読むと、旧知の人にあったような気がして、うれしい。そこで考えたことと、この本に語られていることの多くが響きあうようだからである。

連載の終わり近くで私は解剖学者の三木成夫《しげお》さんの説を取りあげている。三木さんは、人間をものを感じる（そして考える）随意的な体壁系（皮膚、神経、筋肉）と、ものを感じない（そして思う）不随意的な内臓系（内臓、消化器、呼吸器、血管）とに分け、体壁系は動物の部分、内臓系は植物の部分に対応しているという。「考えること」と「思うこと」がそこでは向かいあっている。

　前者は脳（頭）、後者は心である。

　西欧にも、体壁系＝動物的、内臓系＝植物（有機）的という考え方はあるのだが、そこでは外部から隔てられた内臓系の生は「閉ざされて」いて、半分死んだ存在のようにみなされている。大脳機能を失った人を植物状態（vegetable state）と呼ぶのも、このような考え方である。でも三木さんは、ほんとうは逆で、「体壁系（脳）」よりも「内臓系（心）」のほうが宇宙とそのままつながっていて、広くて深い、という。人間を手袋みたいに裏返してみると、その姿は樹木になる。子宮が月齢に呼応しているのが、何よりの証拠。頭は宇宙の成り立ちまで考えるけれど、それは目や手で身近のものを「さわってみる」ことの延長を無限にのばしていった結果で、地続きの無限にすぎない、ともいっている。

　私が特に三木さんと河合さんは似ていると思うのは、次の点だ。

　三木さんは、動物は溜《た》め込む。ストックするが、植物の生の基本は、「溜め込みをおこなわない」こと、フローだという。

　人間の本質、生き物の本質、そして心の本質は、「ストック」ではなくて、「フロー」にある、というのだ。

『こころの読書教室』と題されたこの本の原題は『心の扉を開く』である。どちらにも「こころ」という言葉が出てくる。

最初の話題は、「私と〝それ〟」。そこに、このフローの話が出てくる。

フロイトが人の心を考えたのは、医者として患者とつきあっているなか――つまり、他との関わり・流れ、フローのなか――でである。なぜ心の病いが生まれるのかと考えて、人間の生きる経験の底に、何か〝それ〟としかいいようのないものがあって、それを勘定に入れないと、この病気は治せないという結論にいたった。で、〝それ〟としかいいようのないものを「それ」と呼んだのだが、「それ」がいつの間にかドイツ語のまま「Es（エス）」と読まれ、「無意識」という概念を意味するようになった。でも、無意識とは何か。それは学問用語とは少し違う。フローの中でつかまれたものだ。だとしたら、乾し昆布を水に戻すように、「エス（無意識）」もいったん、〝それ〟に戻してみようではないか。河合さんはそういう。

ほんとうは、無意識というのは、「ストック」されたものではなく「フロー」しているものなのだ。それが河合さんのいおうとしていることなのだと、私は受けとった。「フロー」しているから、それは、私の内部、奥底にあると同時に、外ともつながっている。ユングの集合的無意識というものがそもそも、無意識はフローだということである。だからそれは、物語につながる。また絵本に親しむことにもつながる。本を読む人が少なくなった、それがとても残念、がこの本の河合さんの最初の言葉である。そのために、「読まな、損やでぇ」といいたくてこの本を書いた、と河合さんはいっている。ところどころに関西弁がまじるのは、関西弁が河合さんにとってハナシ言葉、フローの言葉だからだ。話す、放す、離す。きっともとは同じ意味、フローさせる、ということなのだ。

河合さんがいっているのは、本を「ストック」（知識とか情報とか）を手に入れるために読む人がふえたけれど、読書というのは、ほんらい、本に流れているもの──「フロー」──にふれることなんだ、ということである。

別のところではそのことを、河合さんは、〝それ〟は「魂」とも呼ばれることがある、ともいっている。

見ようによっては、とても難しい、達人でないとわからないようなことなのだが、そういうことが平易に、あっさりといわれているのも、この本の特徴だ。

でも、考えてみれば当然のことだろう。河合さんがいうのは、そもそも、語ろうとするととても難しいことが、絵本、童話、物語には、平易に、あっさり、流れるように──フローの状態で──描かれているヨ、ということだからだ。

でも、なぜここでは、絵本でも童話でもないのに、そういうことがあっさりと簡単にいわれているのか。

それは河合さんが、プロフェッショナルな臨床家(人にたちあう人)だからだろう。書く人である以前に、人の話を聴く人、人に向かいあう人、苦しんでいる人とともに苦しむ人だからだろう。生きること、考えること、感じることが、この人のもとでは、人とのあいだで起こること——フロー——として受けとられているのだ。

相手の話を聴くとき、意識の水準をさげる、と河合さんはいっている。意識の水準を上げると、頭が働き、自我が活躍するのだが、反対に、これを下げると、意識の明度が曇る代わりにいわば無意識がむずむずと動くようになる。部屋の明かりを低くすると、机の上に昼行灯《あんどん》のように灯っていた蠟燭《ろうそく》の灯が浮かびあがる。お互いにボケーっとすると、クライアントの暗がりに灯っている蠟燭と、話を聴く河合さんの内部の暗がりに灯っている蠟燭とだけが闇《やみ》の中に残り、ほかのことは消えて、二本の蠟燭の炎が同じかすかな風に揺らぐ。共振する。

そこでは、語ることと語らないことは、ともに同じくらい大事なことである。

アルコール依存症の人がくると、

僕は「酒は飲むほうが悪い」なんて絶対に言わないです。飲もうと、飲むまいと、何をしようと、「ともかく、それはどういうンやろなぁ」と思って聞いているときは、僕はボヤーッと聞いているのです。つまり、僕の心の扉をできるだけ開くように聞くんですね。

非登校の子がきても「君、いつから行ってないの」などとは聞かない。「学校に行ってへんです」と言うと、

「あ、そう」と言っているだけですよ。黙ってたら、こっちもほとんど黙っているぐらいです。その子が「先生、よう降りますねえ」と言ったら、「ああ、降るなあ」と雨の話をするんです。

意識の水準を下げても、明察力を保つという修行が、たとえば仏教の座禅なのだが、河合さんがいうのは、意識の水準を下げて「心の扉を開」き、〝それ〟に耳を澄ませるという、それとは違う、もう一つの心の働きである。

〝それ〟は私の心の底にもあるし、相手の人の心の〝底〟にもあって、つながってい

るのかどうかはわからないが、その〝底〟のほうで、私から外にフローしていってい
る。そこのどこかに水門のように、「心の扉」がある。
フィリパ・ピアスの『トムは真夜中の庭で』では、主人公トムが秘密のドアを抜けて真夜中、入り込む異世界の庭が、じつは、同じアパートの上の階に住む家主のバーソロミューのおばあさんの夢の世界だったとわかる。最後、二人は偶然出会って、そのことを知り、心を通わせる。でもなぜピアスはそんなふうにこの物語を終えているのだろう。

こういうのを読んでいると、僕はよく思うのですが、おばあさんが一人でずっと寝ているときに、あのおばあさんは何もしていないというのは大間違いであって、おばあさんが寝ていることで、一人の少年が成長することに役立っているということがあるんじゃないかと、僕はこのごろ思っています。（略）言うならば、おばあちゃんが寝ていて、ときどき孫が行って、「おばあちゃん、どうしてる？」と言うだけで、「おばあちゃんは何もせずにいる」と思うけれども、その子の成長の心の深いところで役に立っているのではないかなと、僕は思うのです。

孫が遊ぶ。おばあさんが寝ている。この二つのあいだには、何の因果関係もないのだが、それとは違う別の仕方で、二つはつながっている。そのつながりは〝それ〟としかいえない。でも、〝それ〟があるため、おばあさんがずっと一人で臥《ふ》せていることは、孫が心を成長させていくことに、大きな役割を果たす。孫が成長するのに、おばあさんが寝ていることは、大きな恵みなのだ。

別の本、ルーマー・ゴッデンの『ねずみ女房』では、こういわれている。家ねずみの夫婦の女房ねずみはなぜか、自分にないものが気になる。「自分の知らない何か。けれども、大事なことがあるのだ」。そしてハトと知り合い、ハトは飛ぶのだといわれると、飛ぶということがわからず、思い悩んだあげく、最後、ハトの入っているカゴの扉をあける。

ここのところ、ほんとうに素晴らしいと思うのは「あれが飛ぶことなんだ！わかった！」というのと、「ハトがいなくなる」というのとが一緒なんですね。

続けて、

人間ていうのは、ほんとうに大事なことがわかるときは、絶対に大事なものを失わないと獲得できないのではないかなと僕は思います。

この本は、河合さんの最晩年、最後の年の一年前に作られた本である。この本を出してから数ヶ月後に、河合さんは脳梗塞《のうこうそく》に倒れ、ずいぶん長く臥せられた後、亡《な》くなられた。世の人々に薦めたい本が、四つの「話し」を通じて、五冊ずつで、二〇冊、さらにもう少し読みたい人のために、やはり二〇冊で、計四〇冊。

なんというギフトか。

載っているのは、本の紹介ではなく、どんなふうにこれらの本が自分に面白かったか、自分はこう読んだ、という河合さんの「お話」である。

本を読むというのは、なにか。

それは、「自分の心の扉を開いて」、自分の中から、「自分の心の深いところ」に出ていくことである。私たちは、本を読むことで、相手の話を聞くだけではない。じつは本を読みながら、自分の思い、ひとりごとに、誰かが耳を傾けてくれていたことにも、後になって、気づくのだ。

(平成二十五年十二月、批評家)

本書は、二〇〇六年三月に岩波書店から刊行された『心の扉を開く』を改題し、若干の修正・補足を加えたものである。

こころの読書教室《どくしょきょうしつ》

新潮文庫　か-27-13

平成二十六年二月一日発行
令和三年十一月五日三刷

著者　河《かわ》合《い》隼《はや》雄《お》
発行者　佐藤隆信
発行所　株式会社新潮社
郵便番号　一六二―八七一一
東京都新宿区矢来町七一
電話　編集部(〇三)三二六六―五四四〇
読者係(〇三)三二六六―五一一一
http://www.shinchosha.co.jp

価格はカバーに表示してあります。
乱丁・落丁本は、ご面倒ですが小社読者係宛ご送付ください。送料小社負担にてお取替えいたします。

印刷・錦明印刷株式会社　製本・錦明印刷株式会社

ISBN978-4-10-125233-9 C0195